공부 잘하는 아이, 독서 잘하는 아이로 키우려면 어휘력 먼저 키워 주어야 합니다!

공부 잘하고 책 잘 읽는 똑똑한 아이들에게는 공통점이 있습니다. 바로 그 아이들이 알고 있는 단어가 많다는 것입니다. 어휘력이 좋아서 책을 잘 읽는 것은 이해가 되는데, 어휘력이 좋아야 공부도 잘한다는 것은 설명이 좀 필요할 것 같습니다. 다음 말을 읽고 곰곰이 한번 생각해 보세요.

"사람은 자신이 아는 단어의 수만큼 생각하고 표현한다."
"하나의 단어를 아는 것은 그 단어를 둘러싸고 있는 세상을 아는 것이다."

이 말에 동의한다면 왜 어휘력이 좋아야 공부를 잘하는지 알 수 있을 것입니다. 공부는 세상을 이해하고 자신을 표현하는 일련의 과정이기 때문에, 어휘력을 키우면 세상을 이해하는 능력과 사고력이 자라서 공부를 잘하는 바탕이 마련됩니다.

예를 들어 볼까요? 두 아이가 있습니다. 한 아이는 '알리다'라는 낱말만 알고, 다른 아이는 '알리다' 외에 '안내하다', '보도하다', '선포하다', '폭로하다'라는 낱말도 알고 있습니다. 첫 번째 아이는 어떤 상황이든 '알리다'라고 뭉뚱그려 생각하고 표현합니다. 하지만 두 번째 아이는 길을 알려 줄 때는 '안내하다'라는 말을, 신문이나 TV에서 알려 줄 때는 '보도하다'라는 말을, 세상에 널리 알릴 때는 '선포하다'라는 말을 씁니다. 또 남이 피해를 입을 줄 알면서 알릴 때는 '폭로하다'라고 구분해서 말하겠지요. 이렇듯 낱말을 많이 알면, 보다 정확하게 이해하고 정교하게 표현할 수 있습니다.

〈세 마리 토끼 잡는 초등 어휘〉는 아이들의 어휘력을 키워 주려고 탄생했습니다. 아이들이 낱말을 재미있고 효율적으로 배울 뿐 아니라, 낯선 낱말을 만나도 그 뜻을 유추해 내도록 이끄는 것이 〈세 마리 토끼 잡는 초등 어휘〉의 목표입니다. 공부 잘하는 아이, 독서 잘하는 아이로 키우고 싶다면, 이 글을 읽는 순간 이미 목적지에 한 발 다가선 것입니다. 〈세 마리 토끼 잡는 초등 어휘〉가 공부 잘하는 아이, 독서 잘하는 아이로 책임지고 키워 드리겠습니다.

세 마리 土끼 잡는 초등 어휘 는 어떤 책인가요?

1 한자어, 고유어, 영단어 세 마리 토끼를 잡아 어휘력을 통합적으로 키워 주는 책

〈세 마리 토끼 잡는 초등 어휘〉는 한자어와 고유어, 영단어 실력을 단단하게 만들어 주는 책입니다. 낱말 공부가 지루한 건, 낱말과 뜻을 1:1로 외우기 때문입니다. 이렇게 공부하면 낯선 낱말을 만났을 때 속뜻을 헤아리지 못해 낭패를 보지요. 〈세 마리 토끼 잡는 초등 어휘〉는 속뜻을 이해하면서 한자어를 공부하고, 이와 관련 있는 고유어와 영단어를 연결해서 공부하도록 이루어져 있습니다. 흩어져 있는 글자와 낱말들을 연결하면 보다 재미있게 공부하고 오래 기억할 수 있습니다.

2 한자가 아니라 '한자 활용 능력'을 키워 주는 책

많은 아이들이 '날 생(生)' 자는 알아도 '생명', '생계', '생산'의 뜻은 똑 부러지게 말하지 못합니다. 한자와 한자어를 따로따로 공부하기 때문이지요. 〈세 마리 토끼 잡는 초등 어휘〉는 한자를 중심으로 다양한 한자어를 공부하도록 구성하여 한자를 통해 낯설고 어려운 낱말의 속뜻도 짐작할 수 있는 '한자 활용 능력'을 키워 줍니다.

3 교과 지식과 독서·논술 실력을 키워 주는 책

〈세 마리 토끼 잡는 초등 어휘〉는 추상적인 낱말과 개념어를 잡아 주는 책입니다. 고학년이 되면 '시고방식', '민주주의' 같은 추상적인 낱말과 개념어를 자주 듣게 됩니다. 이런 어려운 낱말은 아이들의 책 읽기를 방해하고 공부에 대한 흥미를 잃게 하지요. 하지만 〈세 마리 토끼 잡는 초등 어휘〉로 공부하면 낱말과 지식을 함께 익힐 수 있어서, 교과 공부는 물론이고 독서와 논술을 위한 기초 체력도 기를 수 있습니다.

3

세 마리 토끼 잡는 초등 어휘 는 어떻게 이루어져 있나요?

1 전체 구성

〈세 마리 토끼 잡는 초등 어휘〉는 다섯 단계(총 18권)로 이루어져 있습니다.

단계	P단계	A단계	B단계	C단계	D단계
대상 학년	유아~초등 1년	초등 1~2년	초등 2~3년	초등 3~4년	초등 5~6년
권 수	3권	4권	4권	4권	3권

2 권 구성

〈세 마리 토끼 잡는 초등 어휘〉한 권은 내용에 따라 PART1, PART2, PART3으로 나누어져 있습니다.

PART1 핵심 한자로 배우는 기본 어휘(2주 분량)

10개의 핵심 한자를 중심으로 한자어와 고유어, 영단어를 익히는 곳입니다. 한자는 단계에 맞는 급수와 아이들이 자주 듣는 낱말이나 교과 연계성을 고려해 선별하였습니다. 한자와 낱말은 한눈에 들어오게 어휘망으로 구성하였고, 다양한 활동을 통해 낱말의 뜻을 익힐 수 있게 꾸렸습니다. 또한 교과 관련 낱말을 별도로 구성해서 교과 지식도 함께 쌓을 수 있습니다.

단계별 구성(P단계에서 D단계로 갈수록 핵심 한자와 낱말의 난이도가 높아지고, 낱말 수도 많아집니다.)

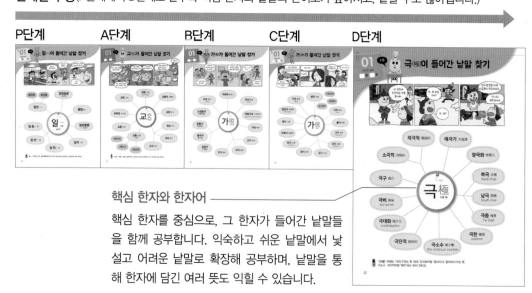

핵심 한자와 한자어

핵심 한자를 중심으로, 그 한자가 들어간 낱말들을 함께 공부합니다. 익숙하고 쉬운 낱말에서 낯설고 어려운 낱말로 확장해 공부하며, 낱말을 통해 한자에 담긴 여러 뜻도 익힐 수 있습니다.

PART 2 뜻을 비교하며 배우는 관계 어휘(1주 분량)

관계가 있는 여러 낱말들을 연결해서 공부하는 곳입니다. '輕(가벼울 경)', '重(무거울 중)' 같은 상대되는 한자나, '동물', '종교' 등 하나의 주제를 중심으로 관련 있는 낱말들을 모아서 익힐 수 있습니다.

상대어로 배우는 한자어

상대되는 한자를 중심으로 상대어들을 함께 묶어 공부합니다. 상대어를 통해 어휘 감각과 논리력을 키울 수 있습니다. ──

주제로 배우는 한자어

음식, 교통, 방송, 학교 등 하나의 주제와 관련 있는 낱말을 모아서 공부합니다.

PART 3 소리를 비교하며 배우는 확장 어휘(1주 분량)

소리가 같거나 비슷해서 헷갈리는 낱말이나, 낱말 앞뒤에 붙는 접두사·접미사를 익히는 곳입니다. 비슷한말을 비교하면서 우리말을 좀 더 바르게 쓸 수 있습니다.

┌ 헷갈리는 말 살피기

'가르치다/가리키다', '～던지/～든지'처럼 헷갈리는 말이나 흉내 내는 말을 모아 뜻과 쓰임을 비교합니다.

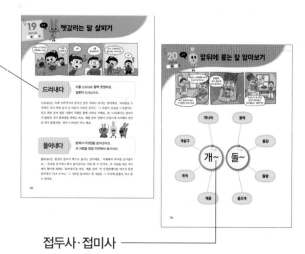

소리가 같은 말 비교하기 ──

소리가 같은 한자를 중심으로, 소리는 같지만 뜻이 다른 동음이의어를 공부합니다.

접두사·접미사

'～장이/～쟁이'처럼 낱말 앞뒤에 붙어 새로운 뜻을 더하는 접두사·접미사를 배웁니다.

세 마리 토끼 잡는 초등 어휘 1일 학습은 **어떻게** 짜여 있나요?

어휘망

어휘망은 핵심 한자나 글자, 주제를 중심으로 쓰임이 많은 낱말을 모아 놓은 마인드맵입니다. 한자의 훈음과 관련 낱말들을 익히면, 한자를 이용해 낱말들의 속뜻을 짐작할 수 있습니다.

먼저 확인해 보기

미로 찾기, 십자말풀이, 색칠하기 등 다양한 활동을 하며 낱말의 뜻을 정확히 알고 있는지 확인할 수 있습니다.

익숙한 말 살피기

낱말을 아이들 눈높이에 맞춰 한자로 풀어 설명합니다. 한자와 뜻을 연결해 공부하면서 한자를 이용한 속뜻 짐작 능력을 키울 수 있습니다.

교과서 말 살피기

교과 내용을 낱말 중심으로 되짚어 봅니다. 확장된 지식과 낱말 상식 등을 함께 공부할 수 있습니다.

특별 구성

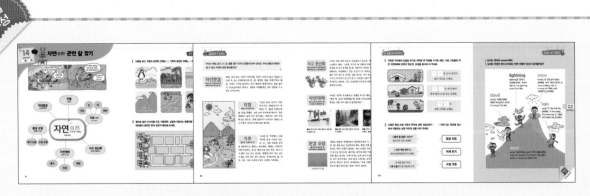

★ '주제로 배우는 한자어'는 동물, 학교, 수 등 주제를 중심으로 관련 어휘를 확장해서 공부합니다.

속뜻 짐작 능력 테스트

앞에서 배운 내용을 잘 이해했는지 확인하고, 핵심 한자를
활용해 낯설거나 어려운 낱말의 뜻을 스스로 짐작해 봅니다.

어휘망 넓히기

관련 있는 영단어와 새말 등을
확장해서 공부할 수 있습니다.
QR 코드를 찍으면 영어 발음을
듣고 배울 수 있습니다.

재미있는 우리말 유래 / 이야기

재미있는 우리말 유래/이야기

한 주 학습을 마치면, 우리말 유래나 우리
말에 얽힌 이야기를 소개하는 재미있는 만
화가 기다리고 있습니다.

★ '헷갈리는 말 살피기'는 소리가 비슷한 낱말들을 비교할 수 있게 구성하였습니다.

세 마리 토끼 잡는 초등 어휘 이렇게 공부해요

1 매일매일 꾸준히 공부해요

〈세 마리 토끼 잡는 초등 어휘〉는 매일 6쪽씩 꾸준히 공부하는 책이에요. 재미있는 활동과 만화가 있어서 지루하지 않게 공부할 수 있지요. 공부가 끝나면 'O주 O일 학습 끝!' 붙임 딱지를 붙이고, QR 코드를 이용해 영어 발음도 들어 보세요.

2 또 다른 낱말도 찾아보아요

하루 공부를 마치고 나면, 인터넷 사전에서 그날의 한자가 들어간 다른 낱말들을 찾아보세요. 아마 '어머, 이 한자가 이 낱말에 들어가?', '이 낱말이 이런 뜻이었구나.'라고 깨달으며 새로운 즐거움에 빠질 거예요. 새로 알게 된 낱말들로 나만의 어휘망을 만들면 더욱 도움이 될 거예요.

3 보고 또 봐요

〈세 마리 토끼 잡는 초등 어휘〉는 PART1에 나온 한자가 PART2나 PART3에도 등장해요. 보고 또 보아야 기억이 나고, 비교하고 또 비교해야 정확히 알 수 있기 때문이지요. 책을 다 본 뒤에도 심심할 때 꺼내 보며 낱말들을 내 것으로 만들어 보세요.

한 주 학습표	월	화	수	목	금	토
	매일 6쪽씩 학습하고, 'O주 O일 학습 끝!' 붙임 딱지 붙이기					주요 내용 복습하기

세 마리 토끼 잡는 초등 어휘

A단계 3권

contents

자, 준비됐니?
토야와 같이
출발~!

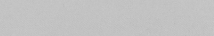

PART 1

PART1에서는 핵심 한자를 중심으로
우리말과 영어 단어, 교과 관련 낱말 들을 공부해요.

별(別)이 들어간 낱말 찾기

특별 特別 special

각별 各別

별칭 別稱

별장 別莊

별 別
다를 별

별개 別個

별관 別館

별미 別味

작별 作別 farewell

구별 區別

이별 離別

차별

선별

 '별(別)' 자에는 별개, 별칭처럼 '다르다'라는 뜻과 구별, 이별처럼 '나누다'라는 뜻이 있어요.

1 알리바바가 보물을 찾기 위해 동굴에 왔어요. 빈칸에 알맞은 낱말을 따라가서 보물을 찾아보세요.

각별
各(각각 각) 別(다를 별)

'다를 별(別)' 자에는 '다르다'라는 뜻이 있어요. 그래서 '각각 각(各)' 자가 붙은 **각별**은 어떤 일이나 사람을 대하는 마음이 매우 다르고 깍듯하다는 뜻이에요.

특별
特(특별할 특) 別(다를 별)

특별은 다른 사람들과 다르다는 뜻이에요. 우리나라 수도인 서울은 다른 도시와 다르게 여겨 '특별시'라고 부르고, 학교에서 교과 외에 하는 활동은 '특별 활동'이라고 불러요.

별칭
別(다를 별) 稱(일컬을 칭)

별칭은 다르게 부르는 이름이에요. 보통 생김새와 행동, 성질 가운데 별난 것을 본떠 만들지요. '이름 명(名)' 자를 넣은 '별명'과 바꿔 쓸 수 있어요.

별개
別(다를 별) 個(낱 개)

서로 관련이 없고 다른 것을 **별개**라고 해요. 일이나 물건 등을 따로 떼어 생각할 때 쓰지요. 예를 들어 '외모와 성격은 별개야.'라고 하면, 외모와 성격은 관련이 없다는 뜻이에요.

별미
別(다를 별) 味(맛 미)

별미는 특별히 맛(맛 미, 味)이 좋은 음식이에요. 아주 맛있는 음식을 표현할 때 '우리 집 된장찌개는 별미야.'라고 하거나, '여름엔 냉면이 별미야.'라고 말해요.

구별
區(나눌 구) 別(다를 별)

구별은 사람이나 물건을 차이에 따라 갈라놓은 거예요. 친구들을 남자나 여자끼리 나누거나(나눌 구, 區) 안경을 쓰거나 안 쓴 친구끼리 나누는 게 구별이지요. 비슷한말로는 '선별'이 있어요. 그린데 구별할 때 더 낫고 더 못한 것으로 나누면 '어긋날 차(差)' 자를 붙여서 '차별'이라고 해요.

이별/작별
離(떠날 리/이) 別(다를 별)
作(지을 작)

'별(別)' 자에는 '나누다'라는 뜻도 있어요. 그래서 '떠날 리/이(離)' 자가 붙은 **이별**은 서로 갈라져 떠난다는 뜻이고, '지을 작(作)' 자와 합쳐진 **작별**은 인사를 하고 헤어지는 것을 말해요.

별관/별장
別(다를 별) 館(집/객사 관)
莊(장엄할 장)

중심 건물 외에 따로 지은 건물을 '집/객사 관(館)' 자를 붙여 **별관**이라고 해요. 반면 **별장**은 집 외에 경치 좋은 곳에 따로 마련한 집이지요. 따로 지은 집이나 방은 '집 당(堂)' 자를 붙여 '별당'이라고 하는데, 옛날에 양반들이 집 안에 지어 놓곤 했어요.

명절에 먹는 별미

우리나라에는 해마다 지키는 특별한 날이 있어요. 바로 '명절'이에요. 설날, 대보름, 추석, 동지 같은 명절이 되면 사람들은 특별한 일이나 놀이를 하고, 명절의 의미를 담은 별미를 먹지요. 명절에 먹는 별미에는 어떤 음식들이 있는지 알아볼까요?

〈특별한 명절 음식〉

설날(음력 1월 1일)에는 떡국

설날에는 가래떡을 썰어 떡국을 끓여 먹어요. 예로부터 우리 민족은 떡국을 먹어야 나이 한 살을 더 먹는다고 여겼지요. 또한 가래떡의 '가래'는 고유어로, '두 갈래 길'처럼 무언가를 나누는 '갈래'에서 나왔다고 전해요.

대보름(음력 1월 15일)에는 오곡밥

대보름에는 오곡밥과 부럼을 먹어요. 오곡밥은 찹쌀, 기장, 수수, 팥, 콩의 다섯 가지(다섯 오, 五) 곡식(곡식 곡, 穀)으로 지은 밥이에요. 부럼은 밤, 땅콩, 호두, 잣, 은행 같은 견과류로, 조상들은 대보름날 새벽에 부럼을 깨면 한 해 동안 피부에 부스럼이 생기지 않는다고 믿었어요.

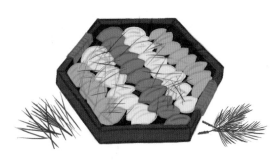

추석(음력 8월 15일)에는 송편

송편은 팥, 콩, 대추, 깨 따위의 재료를 넣고, 반달 모양으로 빚은 떡이에요. 떡 사이사이에 소나무(소나무 송, 松) 잎인 솔잎을 깔고 쪄서 먹지요. '편'은 떡을 뜻하는 고유어로, 절편, 증편 등 여러 떡 이름에 쓰여요.

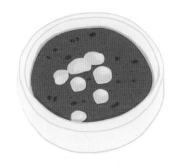

동지(12월 22일~23일경)에는 팥죽

팥죽은 팥으로 쑨 죽이에요. 예로부터 우리 민족은 일 년 중 밤이 가장 긴 동짓날이면 나쁜 귀신을 쫓기 위해 팥죽을 쑤어 먹었지요. 팥의 붉은 색이 귀신을 쫓는다고 믿었거든요. '죽'은 곡식을 오래 끓여 알갱이를 무르게 만든 음식으로, 재료에 따라 호박죽, 전복죽 등이 있어요.

1 빈칸에 알맞은 낱말을 찾아 선으로 이어 주세요.

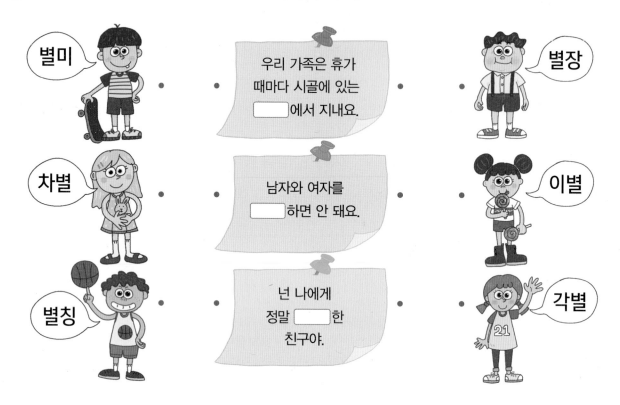

2 속뜻 짐작 꼬마 탐정이 숨어 있는 범인을 잡으려고 해요. 밑줄 친 낱말이 바르게 쓰인 팻말을 따라 줄을 이어 범인을 잡아 보세요.

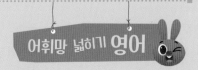
설날, 추석 같은 명절을 영어로는 traditional holiday라고 해요.
우리나라 명절을 외국인에게 어떻게 소개하면 좋을지 알아볼까요?

Seollal, Korean New Year's Day

우리나라 설날은 음력 1월 1일이기 때문에 New Year's Day가 아니라 Korean New Year's Day라고 소개해야 해요. 그리고 우리말로 Seollal이라고 덧붙여 알려 주면 되지요. 설날에 먹는 떡국은 어떻게 소개할지 대화를 살펴보세요.

What do Koreans do on New Year's Day?
(한국 사람들은 설날에 뭐해요?)

We usually eat Tteokguk, rice-cake soup.
(보통 떡국을 먹어요. 떡국은 쌀로 만든 케이크 수프예요.)

I주 I일
학습 끝!

붙임 딱지 붙여요.

Chuseok, Korean Thanksgiving Day

가을에 추수가 끝나면 조상과 자연에 감사하는 마음을 담아 명절을 지내는 나라들이 많아요. 미국은 11월 넷째 주 목요일을 Thanksgiving Day(추수 감사절)로 정해서 turkey(칠면조 고기)를 먹으며 긴 휴가를 즐기지요. 우리나라 추석도 추수 감사절과 비슷하기 때문에 외국인에게 Korean Thanksgiving Day라고 소개하면 돼요.

How do Koreans celebrate Chuseok?
(한국 사람들은 추석을 어떻게 지내요?)

Many Koreans hold memorial services for their ancestors and eat Songpyeon.
(많은 한국 사람들이 조상에게 제사를 지내고, 송편을 먹어요.)

QR 찍고 발음 듣기

1주

교(敎)가 들어간 낱말 찾기

 '교(敎)' 자에는 '가르치다'라는 뜻 외에, 불교나 기독교처럼 '종교'라는 뜻도 있어요.

18

1 선생님 질문에 바르게 대답한 친구를 모두 골라 ○ 하세요.

2 낱말의 뜻풀이를 보고, 빈칸에 들어갈 알맞은 글자를 직접 써 주세요.

| 교 | ☐ |
초등학교나 중학교, 고등학교에서
학생을 가르치는 사람

| 교 | 과 | ☐ |
학교에서 학생이
보고 배워야 하는 책

| 교 | ☐ |
어떻게 행동해야 할지
알려 주는 가르침.

| 교 | ☐ |
학교 선생님처럼 학생을 가르치는
직업, 또는 학생을 가르치는 일

| 교 | ☐ |
대학에서 학생을
가르치는 사람

| 교 | ☐ |
예의가 있으며
지식도 풍부함.

19

교과서
敎(가르칠 교) 科(과목 과) 書(글 서)

'교(敎)' 자에는 '가르치다'라는 뜻이 있어요. 그래서 국어, 수학 같은 과목(과목 과, 科)을 가르치는(가르칠 교, 敎) 책(글 서, 書)을 교과서라고 하지요. '글 서(書)' 자에는 '책'이란 뜻이 있거든요.

교사/교수
敎(가르칠 교) 師(스승 사) 授(줄 수)

교사는 초·중·고등학교에서 학생을 가르치는 사람이에요. '스승'이나 '선생님'과 같은 말이지요. 반면 대학에서 학문을 연구하고 가르치는 사람은 '줄 수(授)' 자를 넣어 교수라고 해요.

교직
敎(가르칠 교) 職(벼슬/직분 직)

'교(敎)' 자에 일을 뜻하는 '벼슬/직분 직(職)' 자가 붙은 교직은 학생을 가르치는 일이나 직업을 뜻해요. 교사나 교수 모두 교직에 몸담고 있는 사람들이에요.

교관
敎(가르칠 교) 官(벼슬 관)

여러분이 좀 더 커서 수학여행에 가면, 그곳에는 여러분을 훈련시키는 또 다른 선생님인 교관이 있어요. 교관은 교육장이나 군대에서 교육 및 훈련을 담당하는 사람이에요.

교훈
敎(가르칠 교) 訓(가르칠 훈)

교훈은 어떻게 행동해야 할지 알려 주는 가르침이에요. '이 책을 읽고 포기하면 안 된다는 교훈을 얻었어.'처럼 쓰지요. 학교의 교육 목표인 '교훈'은 소리는 같지만 '가르칠 교(敎)' 자 대신 '학교 교(校)' 자를 써요.

교양
敎(가르칠 교) 養(기를 양)

교양은 행동이 바르고 지식이 풍부한 것이에요. 아는 게 많지만 겸손하고 생각이 깊은 사람을 '교양이 높다.'라고 하지요. 사람들의 교양을 높이는 프로그램을 '교양 프로그램'이라고 해요.

태교
胎(아이 밸 태) 敎(가르칠 교)

'태교가 중요해.'라는 말을 들어 본 적이 있나요? 태교는 임신한 어머니(아이 밸 태, 胎)가 아이에게 좋은 영향을 주려고 말과 행동을 조심하는 거예요.

종교
宗(마루 종) 敎(가르칠 교)

'교(敎)' 자에는 '종교'라는 뜻도 있어요. 종교는 절대적인 힘이 있는 신을 믿고, 신의 가르침에 따라 살려고 노력하는 것이지요. 부처를 믿으면 '불교', 그리스도를 믿으면 '기독교'라고 해요.

세계의 다양한 종교

세계에는 아주 다양한 종교가 있어요. 불교, 기독교, 이슬람교뿐 아니라 중국과 우리 나라에 큰 영향을 끼친 유교도 있지요. 종교는 각각 중요하게 여기는 것이 다르고, 지켜야 할 규칙도 달라요. 종교에 따른 문화와 생활의 차이를 알아볼까요?

〈한눈에 보는 세계 종교〉

불교
- 생긴 곳: 인도
- 만든 사람: 석가모니
- 관련 장소: 사찰
- 중요한 날: 석가 탄신일
- 문화: 석가 탄신일에 연등 축제를 함.

이슬람교
- 생긴 곳: 아라비아
- 만든 사람: 마호메트
- 관련 장소: 모스크
- 중요한 기간: 라마단
- 문화: 라마단 동안에는 해가 떠 있을 때 음식을 먹지 않음.

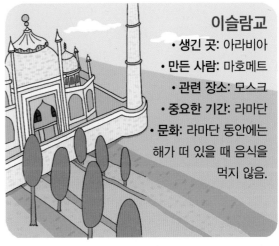

기독교
- 생긴 곳: 이스라엘
- 만든 사람: 예수
- 관련 장소: 성당, 교회
- 중요한 날: 부활절, 크리스마스
- 문화: 예배나 미사를 드림.

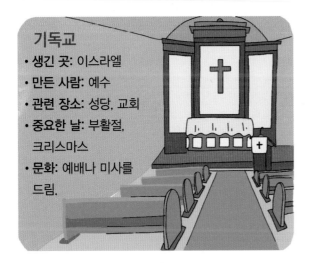

유교
- 생긴 곳: 중국
- 만든 사람: 공자
- 관련 장소: 사당
- 문화: 효도와 예절을 중요하게 여김.

 낱말상식 톡

혹시 '기독교'라는 말이 어떤 뜻인지 궁금하지 않나요? '기독'은 예수를 일컫는 '그리스도'를 한자로 나타낸 거예요. 그래서 기독교를 '그리스도교'라고도 해요.

1 밑줄 친 낱말에 어울리는 그림이 <u>아닌</u> 것을 모두 찾아 X 하세요.

2 속뜻짐작 구슬을 한 줄로 엮었어요. 구슬에 종교와 관련 있는 낱말이 있으면 노란색, 가르치는 것과 관련 있는 낱말이 있으면 파란색을 칠해 주세요.

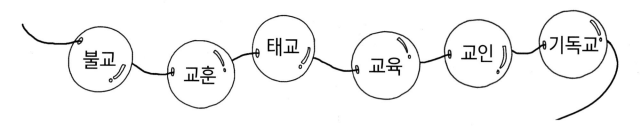

3 속뜻짐작 어떤 낱말을 국어사전 누리집에서 검색했더니, 그림과 같은 화면이 나왔어요. 어떤 낱말을 찾았을까요? (   )

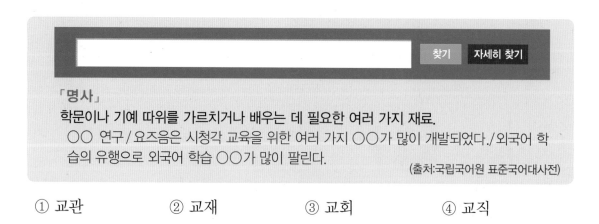

「명사」
학문이나 기예 따위를 가르치거나 배우는 데 필요한 여러 가지 재료.
○○ 연구 / 요즈음은 시청각 교육을 위한 여러 가지 ○○가 많이 개발되었다. / 외국어 학습의 유행으로 외국어 학습 ○○가 많이 팔린다.

(출처: 국립국어원 표준국어대사전)

① 교관   ② 교재   ③ 교회   ④ 교직

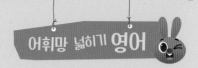

세계에는 수많은 종교가 있어요. 종교는 영어로 religion이라고 해요.
세계의 3대 종교인 기독교, 이슬람교, 불교와 관련된 영어 단어를 알아봅시다.

Christian

'기독교'는 영어로 Christianity이고, '기독교인'은 Christian(크리스천)이라고 해요. 기독교인들이 다니는 '교회'는 church라고 하지요.

Buddhist

'불교'는 영어로 Buddhism이고, '불교 신자'는 Buddhist라고 해요. 불교 신자들이 다니는 절은 Buddhist temple이라고 한답니다.

|주 2일
학습 끝!

붙임 딱지 붙여요.

Muslim

'이슬람교'는 영어로 Islam(이슬람)이고, '이슬람교도'는 Muslim이라고 해요. 이슬람교도들이 기도하는 예배당은 mosque(모스크)라고 하지요.

QR 찍고 발음 듣기

1 사다리를 타고 내려가서 그림에 어울리는 낱말을 찾고, 그 낱말에 알맞은 뜻풀이를 찾아 선으로 이어 주세요.

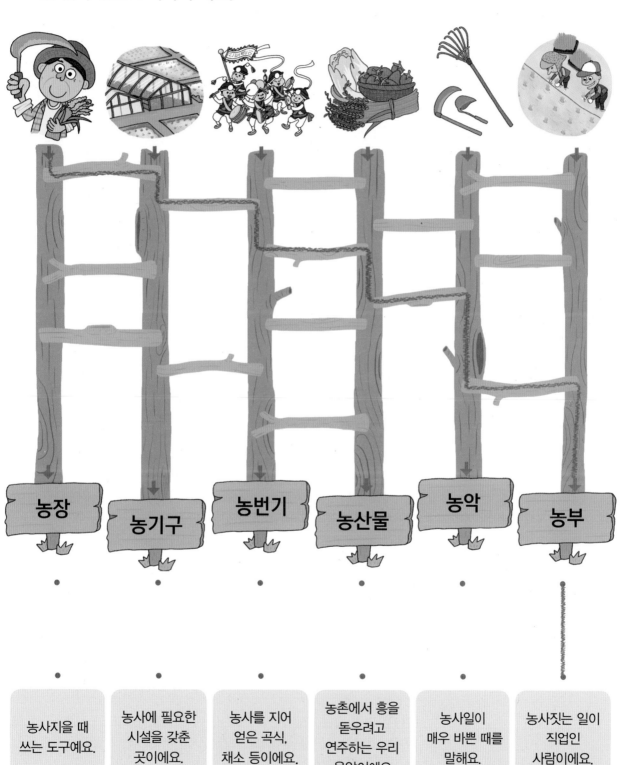

농장	농기구	농번기	농산물	농악	농부

| 농사지을 때 쓰는 도구예요. | 농사에 필요한 시설을 갖춘 곳이에요. | 농사를 지어 얻은 곡식, 채소 등이에요. | 농촌에서 흥을 돋우려고 연주하는 우리 음악이에요. | 농사일이 매우 바쁜 때를 말해요. | 농사짓는 일이 직업인 사람이에요. |

농사
農(농사 농) 事(일 사)

농사는 곡식이나 과일, 채소 등을 기르고 거두는 일(일 사, 事)이에요. 농사는 크게 논농사와 밭농사로 나누는데, 물을 댄 논에 벼를 기르는 것은 '논농사', 밭에서 채소나 곡식을 심고 기르는 것은 '밭농사'예요.

농장
農(농사 농) 場(마당 장)

농장은 농사지을 땅과 농사에 필요한 시설을 갖춰 놓은 곳이에요. 동물을 키우는 사업을 하려고 갖춰 놓은 곳도 '동물 농장'이라고 불러요.

농부
農(농사 농) 夫(남편 부)

농부는 농사짓는 일이 직업인 사람이에요. 농부에 쓰인 '남편 부(夫)' 자는 어떤 일을 직업으로 하는 사람을 뜻해서, 물고기(물고기 어, 漁)를 잡는 사람은 '어부', 땅에서 금, 은, 철, 석탄 같은 것을 캐는 사람은 '광부'라고 해요.

농업
農(농사 농) 業(일 업)

농업은 벼나 호박 같은 식물을 땅에 심고 가꿔서 돈을 버는 산업이에요. 곡식이나 채소, 과일, 꽃 등은 '농산물'이라고 하고, 농사를 짓는 땅은 '농토', 농사짓는 데 필요한 도구는 '농기구'라고 해요.

농경 사회
農(농사 농) 耕(밭 갈 경)
社(모일 사) 會(모일 회)

불과 이백 년 전만 해도 우리나라는 농사가 중심인 농경 사회였어요. '농경'은 농사를 짓는 것이고, '농경 사회'는 사람들 대부분이 농사를 지어 먹고사는 사회를 말해요.

농번기
農(농사 농) 繁(번성할 번)
期(기약할 기)

농사일이 유난히 바쁜 때를 '번성할 번(繁)' 자를 붙여 농번기라고 해요. 어린 벼를 옮겨 심는 모내기 때와 잡초를 뽑는 김매기 때, 그리고 추수하는 때기 바로 농번기예요.

농악
農(농사 농) 樂(즐거울 락/악)

농부들이 일할 때 힘이 나도록 연주하는 우리 고유의 음악을 농악이라고 해요. 꽹과리, 징, 소고, 북, 장구, 나발 등을 연주하며 노래와 춤을 곁들이지요. 농악에 쓰는 악기를 '풍물'이라고 해서, 농악을 '풍물놀이'라고도 해요.

귀농
歸(돌아갈 귀) 農(농사 농)

귀농은 다른 일을 하던 사람이 농사(농사 농, 農)를 지으려고 농촌으로 돌아가는(돌아갈 귀, 歸) 것이에요. 보통 도시에서 일하던 사람이 농촌으로 갈 때 '귀농한다.'고 해요.

쌀을 얻는 과정

우리가 매일 먹는 밥은 어디에서 왔을까요? 밥을 짓는 재료인 쌀은 벼농사를 지어서 얻어요. 벼는 논에서 자라서, 벼농사를 논농사라고도 하지요. 농부들은 봄부터 가을까지 쉴 새 없이 움직이며 벼농사를 지어요. 농부가 얼마나 힘들게 벼농사를 짓는지 살펴보아요.

〈벼농사 과정〉

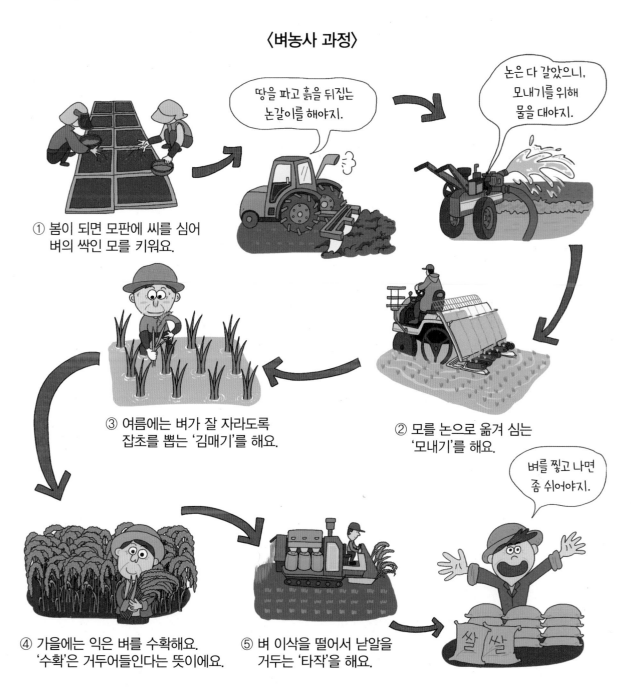

땅을 파고 흙을 뒤집는 논갈이를 해야지.

논은 다 갈았으니, 모내기를 위해 물을 대야지.

① 봄이 되면 모판에 씨를 심어 벼의 싹인 모를 키워요.

③ 여름에는 벼가 잘 자라도록 잡초를 뽑는 '김매기'를 해요.

② 모를 논으로 옮겨 심는 '모내기'를 해요.

벼를 찧고 나면 좀 쉬어야지.

④ 가을에는 익은 벼를 수확해요. '수확'은 거두어들인다는 뜻이에요.

⑤ 벼 이삭을 떨어서 낟알을 거두는 '타작'을 해요.

쌀 쌀

1 그림을 보고 ( ) 안에서 알맞은 낱말을 찾아 ○ 하세요.

 도시 생활을 접고 (농악 / 귀농)해서
농사를 지을 거예요.

 (논농사 / 밭농사)가 잘되려면 모내기를
제때 해야 해요.

 산에 있는 산간 지방에서는
(밭농사 / 논농사)를 많이 지어요.

 (농경 사회 / 농번기)를 맞아 학생들이
일손을 도우러 왔어요.

2 속뜻짐작 꽃을 재배하는 비닐하우스예요. 팻말에 어울리는 낱말을 붙임 딱지에서
찾아 붙여 주세요.

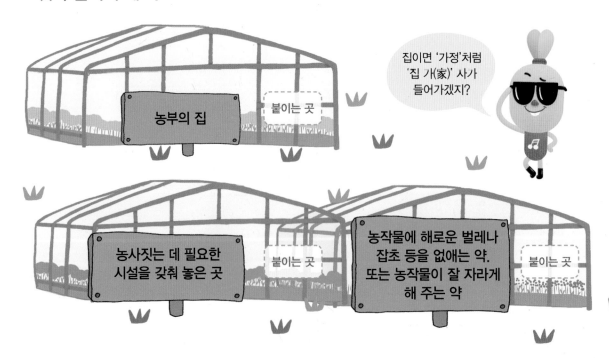

농부의 집

붙이는 곳

집이면 '가정'처럼
'집 가(家)' 사가
들어가겠지?

농사짓는 데 필요한
시설을 갖춰 놓은 곳

붙이는 곳

농작물에 해로운 벌레나
잡초 등을 없애는 약.
또는 농작물이 잘 자라게
해 주는 약

붙이는 곳

대표적인 농산물인 곡식, 과일, 꽃, 채소는 영어로 뭐라고 할까요?
시장에 가서 알아볼까요?

grain

grain은 '곡식'이나 '곡물'을 뜻해요.
곡식이나 곡물은 식량이 되는 쌀(rice)이나
보리(barley) 등을 말해요.

fruit

fruit은 나무를 가꾸어 얻는 '과일'이에요.
과일에는 사과(apple), 포도(grape),
바나나(banana) 등 종류가 굉장히 많아요.

1주 3일
학습 끝!

붙임 딱지 붙여요.

flower

flower는 '꽃'이에요.
대표적인 꽃으로 장미(rose),
카네이션(carnation), 튤립(tulip)
등이 있어요.

vegetable

vegetable은 '채소'를 뜻해요.
채소는 당근(carrot), 시금치(spinach),
토마토(tomato) 같은 농작물로,
줄기나 열매 등을 먹을 수 있어요.

QR 찍고 발음 듣기

도(圖)가 들어간 낱말 찾기

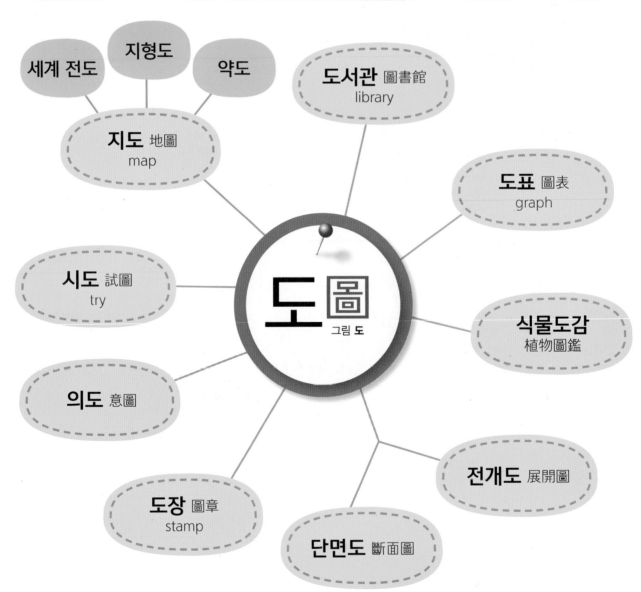

- 세계 전도
- 지형도
- 약도
- 지도 地圖 map
- 도서관 圖書館 library
- 도표 圖表 graph
- 도 圖 그림 도
- 시도 試圖 try
- 식물도감 植物圖鑑
- 의도 意圖
- 전개도 展開圖
- 도장 圖章 stamp
- 단면도 斷面圖

 '도(圖)' 자에는 지도처럼 '그림'이라는 뜻 외에, 시도, 의도처럼 '꾀하다'라는 뜻도 있어요.

1 도깨비가 낱말이 쓰인 곳을 까맣게 칠해 버렸어요. 까맣게 된 곳에 알맞은 낱말을 붙임 딱지에서 찾아 붙여 주세요.

붙이는 곳

식물을 그림이나 사진으로 보여 주면서 특징을 설명해 놓은 책이에요.

붙이는 곳

나무나 돌에 이름을 새겨 종이에 찍도록 만든 물건이에요.

붙이는 곳

땅의 상태를 줄여서 나타낸 그림이에요.

붙이는 곳

어떤 일을 하려는 생각이나 계획이에요.

붙이는 곳

물체를 반으로 자른 모습을 그린 거예요.

붙이는 곳

어떤 일을 하려고 계획하거나 행동하는 거예요.

붙이는 곳

여러 사람이 볼 수 있게 책과 자료를 많이 모아 놓은 곳이에요.

붙이는 곳

여러 자료를 알아보기 쉽게 그림으로 나타낸 표예요.

지도
地(땅 지) 圖(그림 도)

지도는 하늘에서 내려다본 땅(땅 지, 地)의 모습을 그린 그림이에요. 지도에는 여러 종류가 있는데, 세계를 전부(온전할 전, 全) 보여 주는 지도는 '세계 전도', 땅의 모양(모양 형, 形)을 알려 주는 지도는 '지형도', 중요한 것만 간략하게(간략할 략/약, 略) 그린 지도는 '약도'라고 해요.

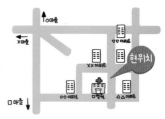

도서관
圖(그림 도) 書(글 서) 館(집/객사 관)

'도서관' 하면 아주 많은 책이 떠오르지요. 도서관은 책뿐 아니라, 각종 문서(글 서, 書)와 온갖 종류의 그림 자료(그림 도, 圖) 등을 모아 놓고 사람들이 볼 수 있게 해 주는 곳이에요.

도표
圖(그림 도) 表(겉 표)

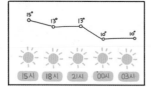

하루의 온도 변화를 선으로 나타낸 표를 본 적이 있지요? 이처럼 자료를 그림으로 나타낸 표를 도표라고 해요. 복잡한 내용도 도표로 보면 한눈에 쉽게 알 수 있어요.

식물도감
植(심을 식) 物(물건 물)
圖(그림 도) 鑑(거울 감)

'도감'은 사물을 거울(거울 감, 鑑)로 보는 것처럼 똑같이 그려 놓은(그림 도, 圖) 책이에요. 도감에는 여러 가지가 있는데, 그중 식물도감은 여러 식물의 생김새를 그림이나 사진으로 보여 주면서 자세히 설명한 책이에요.

전개도/단면도
展(펼 전) 開(열 개) 圖(그림 도)
斷(끊을 단) 面(낯 면)

전개도는 입체를 펼쳐(펼 전 展, 열 개 開) 평평하게 만들어 놓았다고 생각하고 그린 그림이에요. 이와 달리, 물체를 반으로 잘라 그 면을 그린 그림은 '끊을 단(斷)' 자를 붙여 단면도라고 해요.

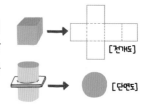

도장
圖(그림 도) 章(글 장)

도장은 그림이나 글을 나무나 돌, 뼈 따위에 새겨 종이에 찍도록 만든 물건이에요. 숙제 검사를 받을 때 찍어 주는 '참 잘했어요'나 웃는 얼굴 모양도 도장에 포함돼요.

의도
意(뜻 의) 圖(그림 도)

'도(圖)' 자에는 '꾀하다'라는 뜻도 있어요. 의도는 무엇을 하고자 하는 생각이나 계획으로, 고유어 '본뜻'과 비슷한말이에요.

시도
試(시험 시) 圖(그림 도)

시도는 어떤 일을 이루려고 계획하거나 행동하는 것이에요. '이게 두 번째 시도야.', '여러 방법을 시도해 보자.'처럼 쓰지요. '계획, 도모' 등과 비슷한 말이에요.

편리한 지도 보기

지도가 있으면 매우 편리해요. 지도를 보면 우리 집이나 고장, 그리고 세계 여러 나라가 어디에 있는지 알 수 있어요. 또 처음 가는 곳도 쉽게 찾을 수 있고, 직접 가 보지 않아도 다른 지역의 모습을 짐작할 수 있지요. 그런데 지도는 정해진 약속에 따라 만들었기 때문에 지도를 보려면 약속을 알아야 해요. 지도를 볼 때 꼭 알아야 할 약속을 배워 볼까요?

〈지도 안에 있는 약속〉

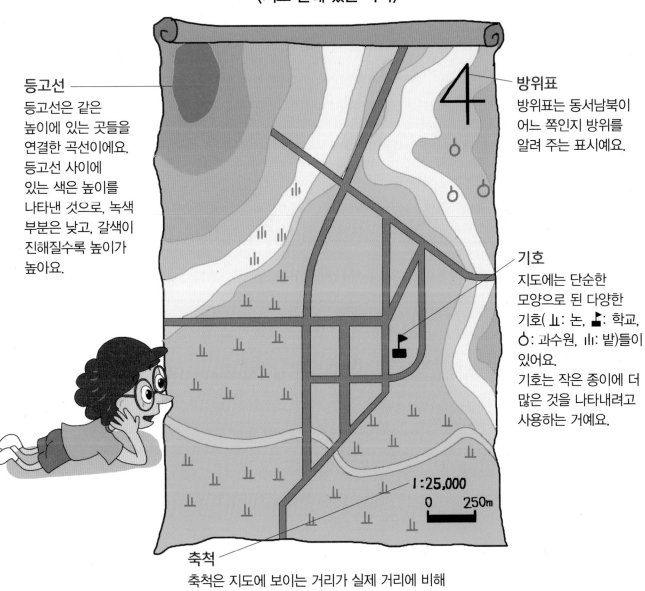

등고선
등고선은 같은 높이에 있는 곳들을 연결한 곡선이에요. 등고선 사이에 있는 색은 높이를 나타낸 것으로, 녹색 부분은 낮고, 갈색이 진해질수록 높이가 높아요.

방위표
방위표는 동서남북이 어느 쪽인지 방위를 알려 주는 표시예요.

기호
지도에는 단순한 모양으로 된 다양한 기호(⊥⊥: 논, ◣: 학교, ♂: 과수원, �III: 밭)들이 있어요. 기호는 작은 종이에 더 많은 것을 나타내려고 사용하는 거예요.

1:25,000
0   250m

축척
축척은 지도에 보이는 거리가 실제 거리에 비해 얼마나 줄었는지 나타낸 거예요.

1 그림을 보고 빈칸에 들어갈 낱말을 찾아 따라 써 보세요.

책 판매량을 [ ]로 나타냈어요.

| 지 | 도 | 도 | 표 |

엄마가 [ ]을/를 그리고 있어요.

| 약 | 도 | 도 | 장 |

2 밑줄 친 낱말을 잘못 사용한 아이를 찾아 빈칸에 X 표를 하세요.

오늘 새로운 요리를 **시도**해 볼 거예요. [ ]

그 **식물도감**에는 신기한 식물이 아주 많이 나와. [ ]

우유갑을 만들기 위해 **단면도**를 그렸어요. [ ]

3 속뜻짐작 다음 대화를 읽고, 빈칸에 알맞은 낱말을 보기 에서 찾아 써 보세요.

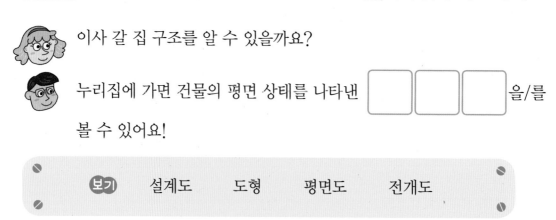

이사 갈 집 구조를 알 수 있을까요?

누리집에 가면 건물의 평면 상태를 나타낸 [ ][ ][ ]을/를 볼 수 있어요!

보기   설계도   도형   평면도   전개도

34

여러분은 어떤 도구로 그림 그리는 걸 좋아하나요?
그림을 그리는 도구에는 무엇이 있는지 영어로 알아볼까요?

crayon

crayon은 여러 색깔로 칠할 수 있는 막대기 모양의 그림 도구인 '크레용'이에요. '크레용으로 그린다.'고 할 때는 'I draw with crayons.'라고 해요.

paint

paint는 색을 칠할 때 쓰는 '물감'이에요. 물감은 크게 두 가지로 나누는데, 보통 우리가 쓰는 '수채화 물감'은 watercolors라고 하고, 전문가들이 쓰는 '유화 물감'은 oil paints라고 해요.

1주 4일
학습 끝!

붙임 딱지 붙여요.

paintbrush

paintbrush는 '그림 그릴 때 쓰는 붓'이에요. 반면 붓글씨를 쓸 때 쓰는 붓은 '글씨 쓰기'라는 뜻의 writing을 붙여서 writing brush라고 해요.

colored pencil

colored pencil은 '색연필'이에요. '색깔이 있는'을 뜻하는 colored와 '연필'을 뜻하는 pencil을 합친 말이에요.

QR 찍고 발음 듣기

리(利)가 들어간 낱말 찾기

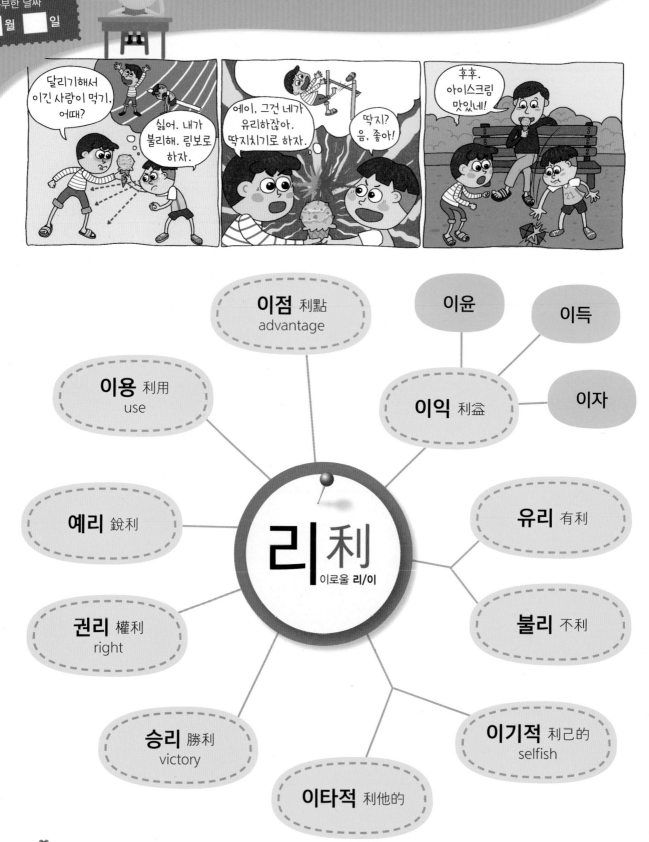

'리(利)' 자에는 '이롭다'라는 뜻 외에, 예리처럼 '날카롭다'라는 뜻도 있어요.

1 곰 인형을 여러 색의 천으로 꾸며 주려고 해요. 천 조각에 적힌 설명과 어울리는 낱말을 찾아서 천 조각과 같은 색으로 칠해 주세요.

이용
利(이로울 리/이) 用(쓸 용)

'이로울 리/이(利)' 자는 낱말의 맨 앞에 나오면 '이'라고 읽어요. **이용**은 나를 이롭게 하려고 물건이나 사람을 쓰는(쓸 용, 用) 것이지요. '그 화장실을 이용해라.', '폐품을 이용하자.' 등으로 쓸 수 있어요.

이점
利(이로울 리/이) 點(점 점)

이점은 이로운 부분이에요. '좋은 점', '이익이 되는 점'이라고 바꿔서 말할 수 있지요. '우리 동네는 공기가 맑은 이점이 있다.'처럼 써요.

이익
利(이로울 리/이) 益(더할 익)

이익은 물질적으로나 정신적으로 도움이 되는 것이에요. 장사를 해서 번 돈은 '이익' 또는 '이윤'이라고 하고, 이렇게 이익을 얻는 것을 '이득'이라고 해요. 남에게 돈을 빌려 준 뒤 얹어서 받는 돈을 '이자'라고 해요.

유리/불리
有(있을 유) 利(이로울 리/이)
不(아니 불/부)

유리는 이로움이 있는(있을 유, 有) 것이고, **불리**는 이롭지 않은(아니 불/부, 不) 것이에요. '그 규칙은 나에겐 유리하고 너에겐 불리해.'라고 하면 나에겐 이롭고 너에겐 이롭지 않다는 뜻이에요.

이기적/이타적
利(이로울 리/이) 己(몸 기)
的(과녁 적) 他(다를 타)

자기를 뜻하는 '몸 기(己)' 자가 들어간 **이기적**이라는 말은 자기 이익만 위하는 것을 뜻해요. 반면 **이타적**은 자기보다는 다른 사람(다를 타, 他)의 이익을 위하는 것이에요.

승리
勝(이길 승) 利(이로울 리/이)

승리는 경기나 전쟁 등에서 겨루어 이기는 것이에요. '축구 경기에서 승리했어요.'나 '전투를 승리로 이끌었어요.'처럼 쓰지요. 비슷한말로는 '우승'이 있어요.

권리
權(권세 권) 利(이로울 리/이)

권리는 어떤 일을 하거나 누릴 수 있는 힘이나 자격(권세 권, 權)이에요. 사람이 자유롭고 행복하게 지낼 권리는 '인권'이라고 하고, 창작한 사람이 자신이 만든 것을 지킬 수 있는 권리는 '저작권'이라고 해요.

예리
銳(날카로울 예) 利(이로울 리/이)

예리에서는 '리/이(利)' 자가 '날카롭다'라는 뜻으로 쓰였어요. 그래서 '예리하다'는 끝이 뾰족하거나 날이 선 상태를 뜻하지요. '예리한 송곳'이나 '칼날이 예리하다.'처럼 써요.

소중한 어린이 인권

사람이면 누구나 인권이 있어요. 그런데 제법 오랜 세월 동안, 어린이 인권은 인정받지 못했어요. 어린이는 약하고 부족해서 어른이 함부로 대해도 된다고 여겼지요. 하지만 인권을 보다 소중히 여기게 되면서, 어린이 인권을 더 특별히 보장해 줘야 한다는 생각을 하게 되었어요. 약하기 때문에 차별받기 쉽다는 걸 깨닫게 됐거든요. 그래서 1989년 국제 평화 기구인 유엔(UN, 국제 연합)에서는 어린이 인권을 보장하기 위해 '유엔 아동 권리 협약'을 만들었어요. '유엔 아동 권리 협약'에서 보장하는 어린이 권리에는 무엇이 있을까요?

〈'유엔 아동 권리 협약'으로 본 어린이 권리〉

생존권 사는 데 필요한 기본적인 권리예요. 잘 먹고, 안전하게 살 권리가 생존권에 속해요.

보호권 차별, 폭력, 힘든 돈벌이 등 위험하고 해로운 것으로부터 보호받을 권리예요.

발달권 능력 발휘에 필요한 권리로, 교육을 받고 종교의 자유를 누릴 권리 등이 속해요.

참여권 원하는 단체나 모임에 참여하는 등 나라와 사회 활동에 참여할 권리예요.

1 아이들이 들고 있던 풍선이 날아갔어요. 빈칸에 알맞은 낱말이 쓰여 있는 풍선 붙임 딱지를 찾아 아이 옆에 붙여 주세요.

2 속뜻짐작 놀이공원에서 재미있는 놀이 기구를 타려고 해요. 팻말에서 설명하고 있는 낱말을 따라 선을 그어 놀이 기구를 찾아가세요.

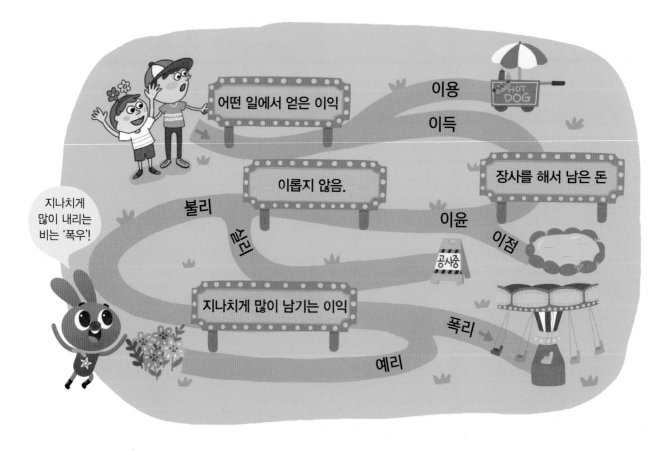

40

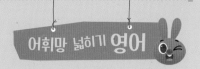

다른 사람에게 도움이 되도록 행동하는 것을 이타적인 행동이라고 해요.
이타적인 행동은 어떤 것인지 영어로 알아볼까요?

help

help는 '돕다, 거들다'라는 뜻이에요. 혼자 하기 힘든 일에 힘을 보태는 것이 바로 help이지요. 누군가에게 도와주겠다고 말할 때에는 'May I help you?'라고 말하면 돼요.

share

share는 '함께 쓰다, 나눠 쓰다'라는 뜻이에요. 음식을 나눠 먹거나 집이나 물건을 나눠 쓰는 게 모두 share이지요. 그래서 여러 사람이 함께 사는 집을 shared residence라고 해요.

I주 5일
학습 끝!

붙임 딱지 붙여요.

volunteer

volunteer는 '자원봉사자' 또는 '자원봉사하다'라는 말이에요. '자원봉사'란 어떤 일에 대가 없이 스스로 참여해 돕는 것이지요. 'Are there any volunteers?'는 어떤 일에 자원자를 찾을 때 쓰는 말로 '자원할 사람 있어요?'라는 뜻이에요.

QR 찍고 발음 듣기

창씨와 고씨가 지키던 '창고'

동물 마을 회의

웅성 웅성

집집마다 수확한 곡식과
말린 생선을 넣어 둘 커다란 방이
없어서 문제예요.

커다란······

방?

마을 창고를 만들면
어떨까요?

아~

아! 중국에서 마을 저장고를
창씨와 고씨가 지킨 데에서 유래했다는
그 창고요?!

창고(곳간 창 倉, 곳간 고 庫): 물건을 보관해 두는 건물이에요.

그런데 우리는 누가 창고를 지키고 물건이 나가고 들어오는 걸 기록하죠?

기록 장부

아! 우리도 고씨가 있네요.
고양이한테 맡기면 되겠어요.

음......

고, 고양이요?
그건 좋은 생각이 아니에요.

고양이가 정 불안하다면......
나, 돼지가 잘 지킬게요.

저...... 채식주의자예요

안절

부절

돼지 씨가 더 불안......

다른 곡식은 몰라도 고양이에게 생선을 맡기다니, 말도 안 돼요!

멀뚱...... 멀뚱

합(合)이 들어간 낱말 찾기

합계 合計 sum

합창 合唱 chorus

합주 合奏

시합 試合 match

혼합 混合 mixture

합격 合格 pass

합 合
합할 합

통합 統合

집합 集合

융합 融合

기합 氣合

 '합(合)' 자는 합격에서는 '맞다, 적합하다'라는 뜻으로 쓰이고, 시합에서는 '싸우다'라는 뜻으로 쓰여요.

1 마법사가 마법의 병에게 어려운 낱말의 뜻을 물었어요. 각 마법의 병이 대답한 뜻
풀이 쪽지를 찾아 이어 주세요.

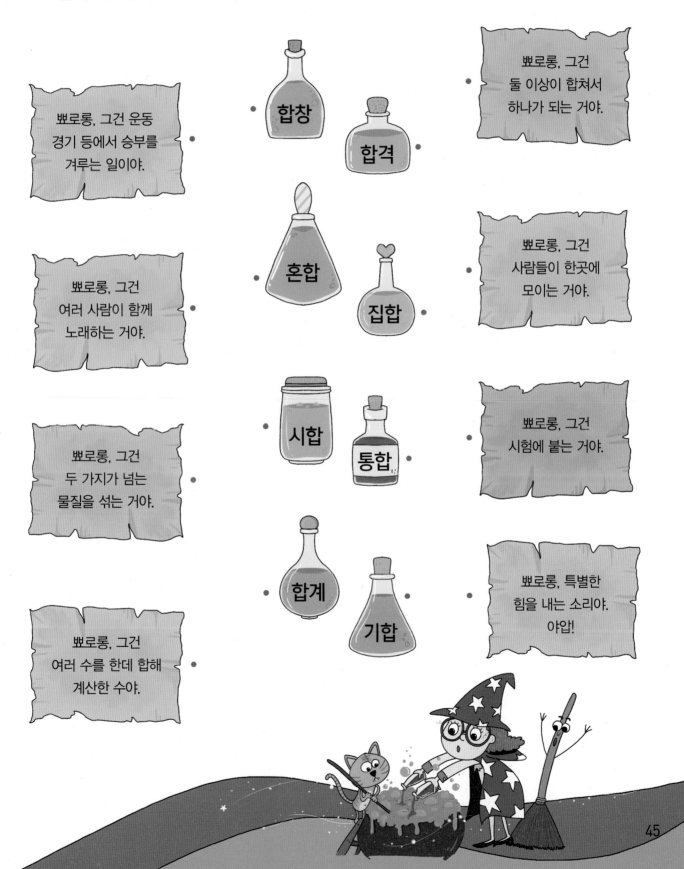

뽀로롱, 그건 운동
경기 등에서 승부를
겨루는 일이야.

뽀로롱, 그건
여러 사람이 함께
노래하는 거야.

뽀로롱, 그건
두 가지가 넘는
물질을 섞는 거야.

뽀로롱, 그건
여러 수를 한데 합해
계산한 수야.

합창

합격

혼합

집합

시합

통합

합계

기합

뽀로롱, 그건
둘 이상이 합쳐서
하나가 되는 거야.

뽀로롱, 그건
사람들이 한곳에
모이는 거야.

뽀로롱, 그건
시험에 붙는 거야.

뽀로롱, 특별한
힘을 내는 소리야.
야압!

합계
合(합할 합) 計(셀 계)

합계는 여러 수를 합하여(합할 합, 合) 셈하는(셀 계, 計) 일이나 그렇게 합한 수예요. 만약 축구 경기에서 전반전에 1점, 후반전에 2점을 냈다면 그 팀의 점수 합계는 3점이 되지요. 비슷한말로는 '합산', '총계'가 있어요.

합창/합주
合(합할 합) 唱(부를 창)
奏(아뢸 주)

음악 시간에 친구들과 함께 노래를 불러 본 적이 있지요? 이렇게 여럿이 함께 노래 부르는(부를 창, 唱) 것은 **합창**이라고 하고, 피아노와 바이올린, 탬버린 등 여러 악기를 함께 연주하는 것은 **합주**라고 해요.

혼합
混(섞을 혼) 合(합할 합)

여럿을 섞어 합치는 것을 '섞을 혼(混)' 자를 써서 **혼합**이라고 해요. '혼합 물질', '혼합 비타민' 등으로 쓰지요. 비슷한말로는 두 가지 이상을 연결한(맺을 결, 結) '결합'이 있어요.

통합/융합
統(거느릴 통) 合(합할 합)
融(녹을/화할 융)

둘 이상이 합쳐서 하나가 되는 것을 **통합**이라고 해요. 여러분이 배우는 '통합교과'는 봄이나 여름 등 하나의 주제를 중심으로 여러 지식을 모은 교과목이지요. 반면 종류가 다른 것끼리 구별이 없어지게 하나로 합한 것을 **융합**이라고 해요.

기합
氣(기운 기) 合(합할 합)

태권도를 할 때 "얍!" 하고 소리를 지르지요. 이렇게 힘을 내려고 정신을(기운 기, 氣) 모아서(합할 합, 合) 내는 소리를 **기합**이라고 해요.

집합
集(모일 집) 合(합할 합)

'아침 9시까지 집합!'이라는 말을 들어 봤나요? **집합**은 사람들이 한곳에 모이는(모일 집, 集) 것이에요. 장난감 여러 개를 집합시켜 더 큰 장난감을 만들 때는 '합체'라고 해요.

합격
合(합할 합) 格(격식 격)

합격은 시험을 통과해서 어떤 자격을 얻는 거예요. '대학에 합격했다.'라고 하면, 대학에서 공부할 자격을 갖추었다는 뜻이지요. 이때 '합(合)' 자는 '~에 맞다'라는 뜻으로 쓰였어요.

시합
試(시험 시) 合(합할 합)

운동이나 그 밖의 경기에서 재주를 겨뤄 이기고 지는 것을 **시합**이라고 해요. 달리기 시합, 축구 시합, 눈싸움 시합 등 아주 많은 시합이 있지요. 시합은 고유어인 '겨루기'로 바꿔 쓸 수 있어요.

혼합물과 화합물

물에 설탕과 미숫가루를 넣고 섞으면 뿌연 미숫가루 음료가 돼요. 이것을 마시면 고소한 미숫가루와 달달한 설탕 맛이 나지요. 이처럼 여러 가지를 섞지만(섞을 혼, 混) 각각의 성질이 그대로 남아 있는 것을 '혼합물'이라고 해요. 우리가 즐겨 먹는 김밥이 대표적인 혼합물이에요. 그런데 이와 다르게, 둘 이상이 합쳐져서 완전히 새로운 물질이 되기도 해요. 물은 산소와 수소라는 전혀 다른 것이 합쳐져 만들어졌고, 소금은 염소와 나트륨이 합쳐져 만들어졌지요. 이렇게 둘 이상이 만나 완전히 다른 물질이 되는 것(될/변화할 화, 化)을 '화합물'이라고 해요. 혼합물과 화합물이 되는 과정을 그림으로 알아볼까요?

〈혼합물과 화합물 만들기〉

섞기 전   섞은 후

하얗고 맛이 달아요.

설탕

갈색이고, 맛이 고소해요.

미숫가루

물에 넣고 이렇게 섞으면?

고소하고 단맛이 나요. 본래 성질이 변하지 않았어요.

혼합물

금속 성분 중 하나예요.

나트륨 덩이

독성이 있는 가스예요.

염소

이렇게 섞이면?

본래 성질이 변해서 짭짤한 소금이 되었어요.

화합물

1 ( ) 안에 들어갈 낱말을 차례대로 바르게 쓴 아이를 찾아 ○ 하세요.

태권도 (㉮)에
나가는 아이들이 운동장에
모두 (㉯)했어요.
아이들은 "얏!" 하고
우렁차게 (㉰)을 넣은 뒤,
대회장으로 출발했어요.

㉮ 기합
㉯ 시합
㉰ 융합

㉮ 통합
㉯ 합체
㉰ 집합

㉮ 시합
㉯ 집합
㉰ 기합

2 속뜻짐작 그림을 보고 빈칸에 알맞은 낱말을 보기에서 골라 써 보세요.

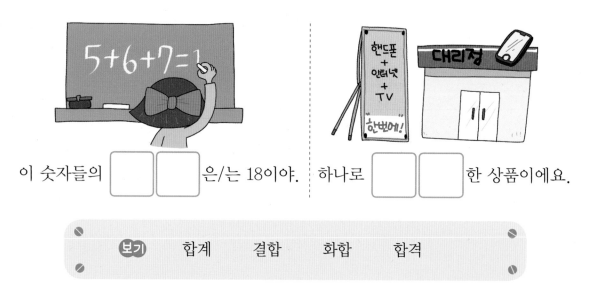

이 숫자들의 ☐☐ 은/는 18이야.

하나로 ☐☐ 한 상품이에요.

보기   합계   결합   화합   합격

3 속뜻짐작 밑줄 친 낱말이 어떤 뜻인지 짐작해 선으로 이어 주세요.

대회를 앞두고 선수들이
합숙 훈련을 했어요.

서로 의견을 모아 같아짐.

두 나라가 무기를 줄이기로
합의했어요.

여럿이 한곳에서
함께 생활함.

우리가 매일 마시는 물은 대표적인 화합물(compound)이에요.
물은 어떻게 만들어지는지 영어로 알아볼까요?

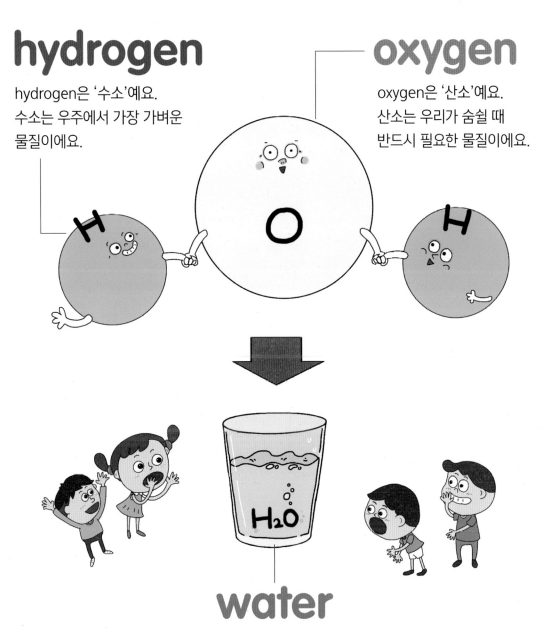

hydrogen

hydrogen은 '수소'예요.
수소는 우주에서 가장 가벼운
물질이에요.

oxygen

oxygen은 '산소'예요.
산소는 우리가 숨쉴 때
반드시 필요한 물질이에요.

water

'물'은 영어로 water예요.
물은 수소 두 개와 산소 한 개가 합쳐진 화합물이에요.
그래서 물에는 수소나 산소의 성질이 나타나지 않아요.

2주 |일
학습 끝!

붙임 딱지 붙여요.

QR 찍고 발음 듣기

인형 人形
doll

형태 形態
shape

지형

상형 문자

도형

모형 模形
model

형 形
모양 형

유형 문화재
有形 文化財

외형 外形

무형 문화재
無形 文化財

형성 形成
formation

정형외과
整形外科

성형외과
成形外科

1 밑줄 친 낱말이 바르게 쓰인 칸을 모두 찾아 하늘색으로 칠한 다음, 어떤 모양이 나오는지 빈칸에 써 보세요.

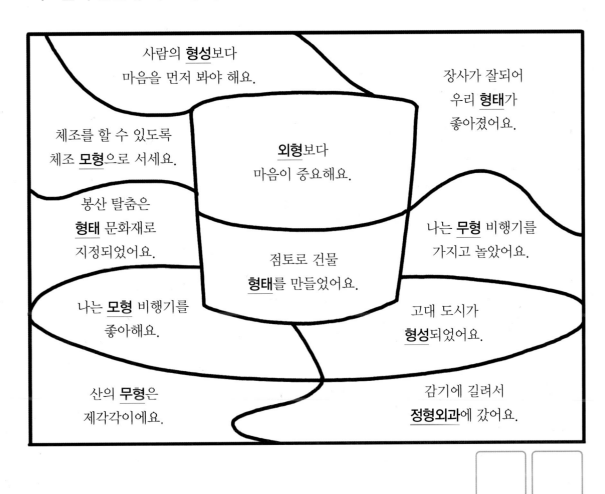

사람의 **형성**보다
마음을 먼저 봐야 해요.

장사가 잘되어
우리 **형태**가
좋아졌어요.

체조를 할 수 있도록
체조 **모형**으로 서세요.

외형보다
마음이 중요해요.

봉산 탈춤은
형태 문화재로
지정되었어요.

나는 **무형** 비행기를
가지고 놀았어요.

점토로 건물
형태를 만들었어요.

나는 **모형** 비행기를
좋아해요.

고대 도시가
형성되었어요.

산의 **무형**은
제각각이에요.

감기에 길려서
정형외과에 갔어요.

2 그림을 보고, 알맞은 뜻풀이를 찾아 선으로 이어 주세요.

무형 문화재

· · 판소리, 탈춤,
부채 만드는 기술처럼
모양이 없는 문화재예요.

유형 문화재

· · 궁궐, 그림, 도자기처럼
모양이 있는 문화재예요.

모형
模(법/본뜰 모) 形(모양 형)

혹시 모형 비행기나 모형 배 등을 본 적이 있나요? 실물과 똑같지요? 이렇듯 **모형**은 실제 모양(모양 형, 形)을 본떠(법/본뜰 모, 模) 만든 물건이에요. 배나 자동차 등을 비롯해 건축물이나 음식 등을 본떠 모형을 만들 수 있어요.

인형
人(사람 인) 形(모양 형)

사람(사람 인, 人)이나 동물 모양(모양 형, 形)으로 만든 장난감을 **인형**이라고 해요. 인형은 보통 예쁘고 귀엽기 때문에 '인형 같은 아이'라고 하면 예쁘고 귀여운 아이를 뜻해요.

형태
形(모양 형) 態(모양 태)

형태는 사람이나 물건의 생김새나 모양을 뜻해요. 땅(땅 지, 地)의 형태는 '지형'이라고 하고, 그림(그림 도, 圖)의 형태는 '도형'이라고 해요. 그리고 물건의 형태를 본떠 만든 문자는 '상형 문자'라고 해요.

유형 문화재/무형 문화재
有(있을 유) 形(모양 형) 文(글월 문)
化(될/변화할 화) 財(재물 재) 無(없을 무)

'문화재'는 옛사람들이 만들어 낸, 가치가 높은 것이에요. 그중에서 궁궐, 그림, 도자기처럼 모양이 있는(있을 유, 有) 것은 **유형 문화재**라고 하고, 탈춤, 판소리, 기술처럼 모양이 없는(없을 무, 無) 것은 **무형 문화재**라고 해요.

정형외과
整(가지런할 정) 形(모양 형)
外(바깥 외) 科(과목 과)

정형외과는 근육이나 뼈대를 가지런하게(가지런할 정, 整) 바로잡는 곳이에요. 그래서 넘어지거나 부딪혀 근육이나 뼈를 다치면 정형외과로 가요.

성형외과
成(이룰 성) 形(모양 형)
外(바깥 외) 科(과목 과)

성형외과는 외모를 더 좋게 만들려고 가는 병원이에요. 얼굴 등에 난 상처를 원래대로 되돌리거나 불에 데인 화상 흉터를 옅게 하려면 성형외과로 가야 해요.

형성
形(모양 형) 成(이룰 성)

형성은 어떤 모양이나 상태를 이룬 거예요. '도시가 형성되었다.'라고 하면 '도시가 만들어졌다.'는 뜻이고, '인격을 형성한다.'라고 하면 '인격을 갖춘다.'라는 뜻이에요.

외형
外(바깥 외) 形(모양 형)

외형은 사람이나 물건의 겉모양이에요. '외형을 본떠서 지었어요.', '외형만 그럴 듯하다.'라고 쓰지요. 외형은 고유어인 '겉모양'이나 '겉모습'으로 바꾸어 쓸 수 있어요.

우리나라의 무형 문화재

문화재는 옛날부터 전해 내려온 문화유산 중에서 나라에서 특별히 보살피려고 정한 것이에요. 문화재는 형태가 있는지 없는지에 따라 유형 문화재와 무형 문화재로 나뉘어요. 그중 무형 문화재는 일정한 모양이 없어서 어떤 것이 무형 문화재인지 헷갈릴 때가 많아요. 지금부터 우리나라를 대표하는 무형 문화재에는 무엇이 있는지 함께 살펴보아요.

〈대표적인 무형 문화재〉

음악 **판소리**(국가 무형 문화재 제5호)

'판소리'는 자리를 뜻하는 '판'과 노래를 뜻하는 '소리'가 합쳐진 말이에요. 소리꾼이 북장단에 맞춰 노래와 이야기를 하면 북 치는 사람이 '얼씨구', '좋다' 같은 추임새를 넣어 준답니다.

연극 **봉산 탈춤**(국가 무형 문화재 제17호)

탈을 쓰고 하는 '봉산 탈춤'은 연극처럼 흥미진진한 공연 예술이에요. 봉산 탈춤에는 백성을 괴롭히는 양반을 마음껏 놀리는 등, 백성들의 마음을 시원하게 해 주는 내용이 많아요.

공예 기술 **옹기장**(국가 무형 문화재 제96호)

'옹기장'은 전통적인 방법으로 옹기를 만드는 재주를 가진 사람이에요. 옹기는 흙으로 빚어 구운 그릇이나 항아리 등을 가리키지요. 같은 말로는 '옹기장이'가 있어요.

1 아이들이 하는 이야기를 읽고, 빈칸에 공통으로 들어갈 낱말을 골라 색칠하세요.

가 보지 않고 산의 ☐을/를 알 방법이 있을까?

물론 있지. 땅의 ☐을/를 그린 지도인 '지형도'를 보면 돼.

형성

형태

모형

2 [속뜻 짐작] 십자말풀이의 빈칸에 들어갈 알맞은 말을 써 보세요.

	① 변		
① 정		②	
		형	
②	형		

가로 열쇠

① 근육이나 뼈대를 치료하는 병원

② 사람이나 동물 모양으로 만든 장난감

세로 열쇠

① 모양이 달라지거나 달라지게 만드는 일

② 사물의 겉모양

3 [속뜻 짐작] 밑줄 친 낱말이 어떤 뜻인지 선으로 이어 주세요.

틀에 맞게 글을 써야겠지?

장사가 안 되어 **형편**이 어려워요.   •   •   겉으로 보이는 틀

형식에 맞춰서 글을 써 보세요.   •   •   살림살이의 상태

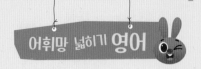

물건의 형태뿐 아니라 선의 형태도 아주 다양해요.
쭉 뻗은 직선, 꼬불꼬불 곡선 등 여러 가지 선 모양을 영어로 알아볼까요?

straight line

straight line은 '직선'이에요. straight는 '똑바로, 곧바로'를 뜻하고, line은 '선'을 말하지요. '쭉 뻗은 머리'는 머리카락을 뜻하는 hair와 합쳐서 straight hair라고 해요.

dotted line

dotted line은 '점선'이에요. dot는 '점, 점을 찍다'라는 뜻이지요. 그래서 동그란 점무늬가 있는 티셔츠는 dotted T-shirt라고 해요.

2주 2일
학습 끝!

붙임 딱지 붙여요.

curved line

curved line은 '곡선'이고 curve는 '구부리다'라는 뜻이에요.
우리나라에서는 굽은 길을 '커브(curve)'라고 부르기도 해요.

주 의

QR 찍고 발음 듣기

08 2주 조(造)가 들어간 낱말 찾기

공부한 날짜

☐ 월 ☐ 일

짜잔! 화장실 개조했다.

우아, 방보다 더 좋아요. 저 여기서 잘래요.

어이구, 여긴 침실이 아니고 욕실이야.

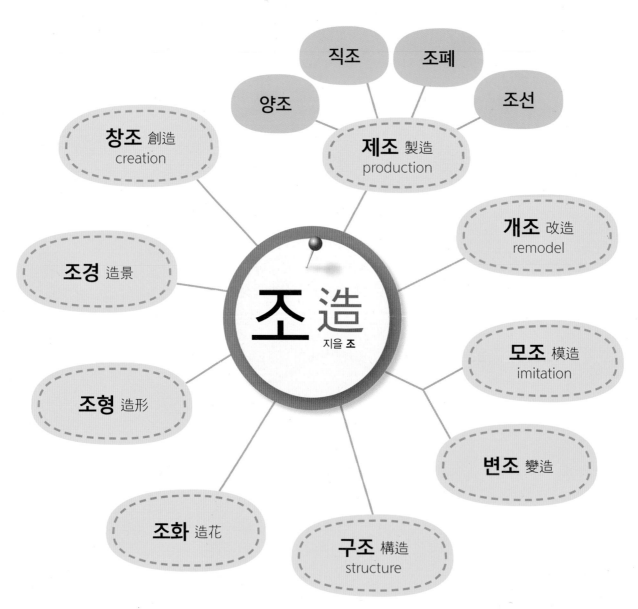

직조

조폐

양조

조선

창조 創造
creation

제조 製造
production

개조 改造
remodel

조경 造景

조 造
지을 조

모조 模造
imitation

조형 造形

변조 變造

조화 造花

구조 構造
structure

1 장난감 블록으로 집을 짓다가 꼭 필요한 블록 하나를 잃어버렸어요. 밑줄 친 낱말
이 바르게 쓰인 종이를 따라가서 잃어버린 블록을 찾아보세요.

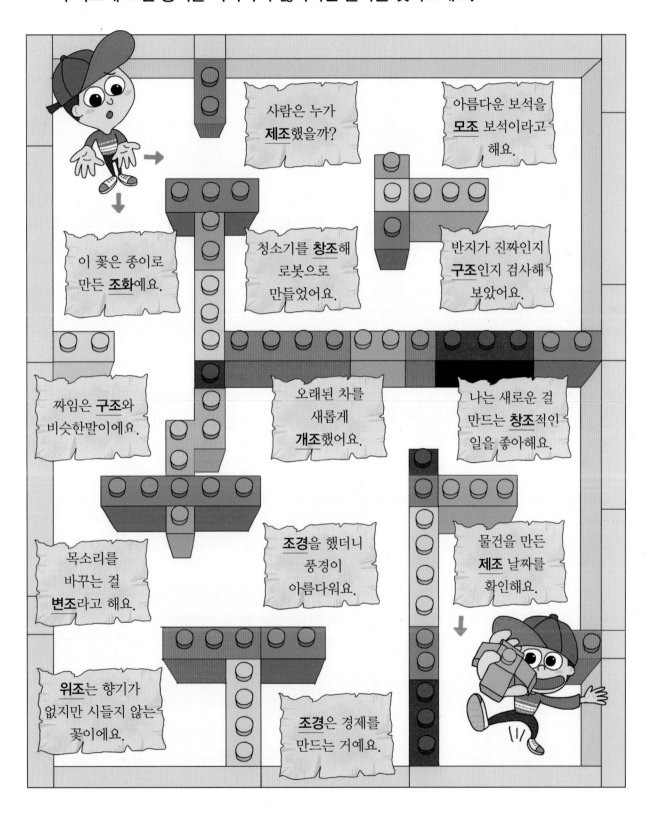

사람은 누가 **제조**했을까?

아름다운 보석을 **모조** 보석이라고 해요.

이 꽃은 종이로 만든 **조화**예요.

청소기를 **창조**해 로봇으로 만들었어요.

반지가 진짜인지 **구조**인지 검사해 보았어요.

짜임은 **구조**와 비슷한말이에요.

오래된 차를 새롭게 **개조**했어요.

나는 새로운 걸 만드는 **창조**적인 일을 좋아해요.

목소리를 바꾸는 걸 **변조**라고 해요.

조경을 했더니 풍경이 아름다워요.

물건을 만든 **제조** 날짜를 확인해요.

위조는 향기가 없지만 시들지 않는 꽃이에요.

조경은 경제를 만드는 거예요.

창조
創(비롯할 창) 造(지을 조)

창조는 전에 없던 새로운 것을 만드는(지을 조, 造) 일이에요. 신이 세상을 처음으로 만든 일도 창조이지요. 예술 작품을 만드는 것은 '지을 작(作)' 자를 붙여 '창작'이라고 불러요.

제조
製(지을 제) 造(지을 조)

제조는 물건을 만드는(지을 조, 造) 일이에요. '양조'는 술이나 간장, 식초 따위를 빚는(빚을 양, 釀) 일이고, '직조'는 천을 짜는(짤 직, 織) 일이에요. 그리고 '조폐'는 화폐를 만드는 일이고, '조선'은 배(배 선, 船)를 만드는 일이에요.

개조
改(고칠 개) 造(지을 조)

개조는 고쳐서(고칠 개, 改) 더 좋게 만드는 거예요. '오래된 건물을 개조하다.'처럼 쓰지요. 간혹 '성격을 개조했다.'처럼 좋지 않은 성격을 보다 바람직하게 바꿀 때에도 써요.

모조/변조
模(법/본뜰 모) 造(지을 조)
變(변할 변)

모조는 모조 가죽이나 모조 반지처럼 이미 있는 것을 본떠(법/본뜰 모, 模) 만든 거예요. 변조는 있는 것을 다른 것처럼 바꾼(변할 변, 變) 것으로, '목소리를 변조하다.'라고 하면 목소리를 다른 사람처럼 바꾼다는 뜻이에요. 또한 '위조'는 남을 속이려고 가짜(거짓 위, 僞)로 만든 것으로, 가짜로 만든 돈은 '위조지폐'라고 해요.

구조
構(얽을 구) 造(지을 조)

집은 기둥과 벽, 문, 지붕 같은 것을 잘 짜서 만들어요. 이렇게 부분을 짜서 전체를 만드는 것을 구조라고 해요. 고유어인 '얼개'나 '짜임새'로 바꾸어 쓸 수 있어요.

조화
造(지을 조) 花(꽃 화)

꽃은 시간이 지나면 시들어요. 하지만 시들지 않는 꽃도 있어요. 바로 조화예요. 조화는 사람이 만든 가짜 꽃이거든요. 조화는 종이, 천, 비닐 같은 다양한 재료로 만들어요.

조형
造(지을 조) 形(모양 형)

조형은 다양한 재료로 구체적인 형태나 모양을 만드는 일이에요. 조형한 물건을 '조형물'이라고 하지요. 조형물은 큰 건물 앞에서 볼 수 있어요.

조경
造(지을 조) 景(볕 경)

조경은 보통 정원을 아름답게 꾸미는 일을 뜻해요. 정원을 크게 손보는 일은 '조경 사업' 또는 '조경 공사'라고 해요.

문장을 만드는 방법

예술 작품을 만드는 걸 '창작'이라고 했지요? 창작 중에서도 동화나 시 같은 글을 짓는 것을 '문예 창작'이라고 해요. 글을 잘 지으려면 먼저 문장을 잘 써야 하지요. 문장을 잘 쓰려면, 문장에 꼭 넣어야 하는 내용을 기억해야 해요. 이것이 들어가 있어야 다른 사람이 이해할 수 있답니다. 아래에서 문장을 만드는 방법을 알아보고, 여러분이 직접 문장을 써 보세요.

〈문장 만들기〉

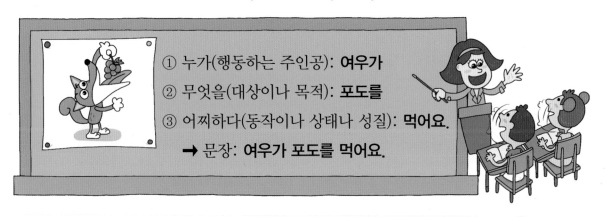

① 누가(행동하는 주인공): **여우가**

② 무엇을(대상이나 목적): **포도를**

③ 어찌하다(동작이나 상태나 성질): **먹어요.**

➜ 문장: **여우가 포도를 먹어요.**

★빈칸에 알맞은 말을 보기에서 찾아 여러분이 직접 문장을 만들어 보세요.

| 누가 | 무엇을 | 어찌하다 | 누가 | 무엇을 | 어찌하다 |
| | | 타요. | | 단풍잎을 | . |

보기   미끄럼틀을   곰이   주워요   토끼가

1 그림을 보고 빈칸에 알맞은 낱말을 찾아 선으로 이어 주세요.

이 가방은 [ ] 가죽으로 만들어서 값이 싸요.

조폐

모조

위조

개조

조화

창조

틀린 것을 맞은 것처럼 [ ]하면 안 돼요.

소파를 침대로 [ ]했어요.

돈 만드는 일을 [ ]라고 해요.

2 속뜻 짐작 빈칸에 들어갈 낱말을 보기에서 찾아 써 주세요.

우유에는 만든 ○○ 일자가 적혀 있어.

보기   조성   제조   조작

아무래도 그 일은 사실인 것처럼 □□된 것 같아.

여기에 큰 놀이공원이 □□될 거래.

□□ 일자를 확인하고 먹어야 해.

사람들은 건물도 만들고 음식도 만들고 물건도 만들어요.
'만들다'라는 뜻을 가진 다양한 영어 단어를 알아볼까요?

build

build는 건물이나 집을 '짓다'라는 뜻이에
요. '그가 새집을 지어요.'라고 말하려면
'He is building a new house.'라고 해요.

cook

cook은 '요리하다' 혹은 '요리사'라는 뜻이
에요. '나는 요리를 할 수 있어요.'라고 말하
려면 'I can cook.'이라고 해요.

**2주 3일
학습 끝!**

붙임 딱지 붙여요.

knit

knit는 '실로 천이나 옷 따위를 짜다'라는 뜻이에요. 'I am knitting a sweater.'
는 '나는 스웨터를 짜고 있어요.'라는 뜻이에요. knit는 스웨터나 카디건처럼 짜
서 만든 물건이나 제품을 뜻하기도 해요.

QR 찍고 발음 듣기

독후감 讀後感

후식 後食 dessert

오후 午後 afternoon

후반 後半

후반기

후반전

우후죽순 雨後竹筍

후後
뒤 후

후렴 後斂

후퇴 後退

후예 後裔

후배 後輩

후손 後孫

1 아이들이 각자 들고 있는 낱말을 이용해 문장을 만들었어요. 낱말을 알맞게 쓴 아이를 찾아 빈칸에 ○ 하세요.

2 빈칸에 알맞은 낱말과 뜻풀이를 찾아 선으로 이어 주세요.

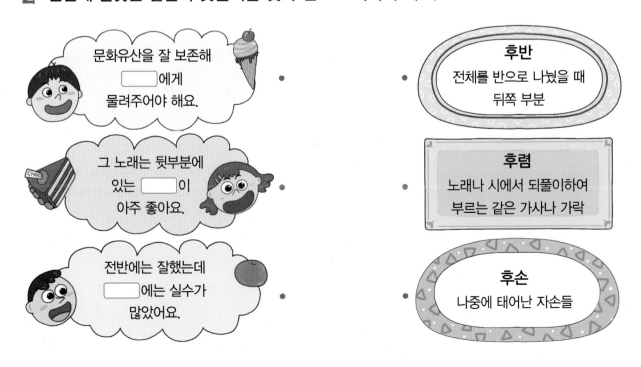

오후
午(낮 오) 後(뒤 후)

오후는 낮(낮 오, 午) 12시 뒤(뒤 후, 後)라는 뜻으로, 낮 12시부터 밤 12시까지를 뜻해요. 때로는 해가 질 때까지만을 가리키기도 하는데, 이럴 때에는 해가 진 뒤를 '저녁', 그 뒤를 '밤'이라고 구별해서 불러요.

독후감
讀(읽을 독) 後(뒤 후) 感(느낄 감)

독후감은 책을 읽은(읽을 독, 讀) 뒤(뒤 후, 後)에 느낌(느낄 감, 感)을 쓴 글로, '독서록'과 비슷해요. 독후감을 잘 모아 놓으면 나중에 여러분의 생각이 어떻게 자랐는지 알 수 있어요.

후식
後(뒤 후) 食(먹을 식)

밥을 먹은 뒤에 과일이나 아이스크림, 주스 같은 것을 먹을 때가 있지요? 이렇게 밥을 먹고 나서(뒤 후, 後) 입가심으로 먹는 간단한 음식(먹을 식, 食)을 **후식**이라고 해요.

후반
後(뒤 후) 半(절반 반)

후반은 전체를 반으로 나눴을 때 뒤쪽 반(절반 반, 半)을 가리키는 말로, '후반부'와 같아요. 전체 기간을 둘로 나눴을 때 뒤쪽 기간은 '후반기'라고 하고, 운동 경기의 뒷부분은 '싸움 전(戰)' 자를 붙여 '후반전'이라고 해요.

후퇴
後(뒤 후) 退(물러날 퇴)

만일 장군이 "후퇴하라!"라고 외치면 병사들은 더 이상 앞으로 나가지 말고 물러나야 해요. **후퇴**는 싸움에서 뒤로 물러나는(물러날 퇴, 退) 걸 뜻하거든요. 상대어는 '앞 전(前)' 자를 붙인 '전진'이에요.

후배/후손
後(뒤 후) 輩(무리 배) 孫(손자 손)

후배는 학교나 같은 분야에 나중에 들어온 사람이에요. 2학년은 1학년이, 3학년은 1~2학년이 후배이지요. 반면 **후손**이나 '후예'는 모두 오랜 시간 뒤에 대를 잇는 자손(손자 손, 孫)들을 말해요.

후렴
後(뒤 후) 斂(거둘 렴)

'종소리 울려라, 종소리 울려!'는 크리스마스 캐럴 '징글 벨'에 반복되어 나오는 가사예요. 이처럼 노래에서 같은 가사와 가락으로 반복되는 부분을 **후렴**이라고 해요.

우후죽순
雨(비 우) 後(뒤 후) 竹(대 죽) 筍(죽순 순)

우후죽순은 비(비 우, 雨)가 온 뒤(뒤 후, 後)에 여기저기 솟는 죽순이라는 뜻으로, 어떤 일이나 사물이 한꺼번에 많이 생기는 것을 뜻해요. '편의점이 우후죽순으로 생겨요.'라고 하면 편의점이 한꺼번에 많이 생긴다는 뜻이에요.

오전과 오후

사람들은 보통 잠에서 깬 아침부터 잠이 드는 저녁까지를 '하루'라고 말해요. 하지만 실제 하루는 밤 12시부터 다음날 밤 12시까지예요. 총 24시간 중에서 12시간씩 쪼개어 오전과 오후로 나누지요. 오전과 오후는 어떻게 구별하는지 좀 더 자세히 알아볼까요?

〈'하루' 나누기〉

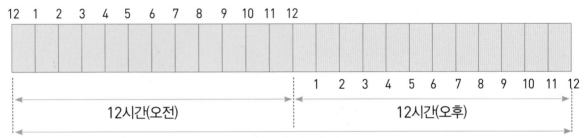

오전

'오전'은 '정오 앞'이라는 뜻이에요. 정오는 낮 12시를 가리키지요. 그래서 오전은 전날 밤 12시부터 오늘 낮 12시까지 총 12시간을 뜻해요. 하지만 생활 속에서는 밤과 새벽, 아침으로 나누어 부르기도 해요.

오후

'오후'는 '정오 뒤'라는 뜻이에요. 낮 12시부터 밤 12시까지 총 12시간을 뜻하지요. 하지만 정오 뒤부터 해 질 때까지의 시간을 오후, 이후부터 밤 12시까지를 저녁, 밤이라고 나눠 부르기도 해요.

우리는 시간을 말할 때 1시, 2시, 3시…… 이렇게 말해요. 하지만 옛날에는 하루를 열둘로 나누어 각 시간마다 다른 이름을 붙였어요. 자시(오후 11시~오전 1시), 축시(오전 1시~오전 3시), 인시(오전 3시~오전 5시), 묘시(오전 5시~오전 7시), 진시(오전 7시~오전 9시), 사시(오전 9시~오전 11시), 오시(오전 11시~오후 1시), 미시(오후 1시~오후 3시), 신시(오후 3시~오후 5시), 유시(오후 5시~오후 7시), 술시(오후 7시~오후 9시), 해시(오후 9시~오후 11시) 이렇게요. 가끔 사극에서 "자시가 넘었습니다."라고 하는데, 이것은 새벽 1시가 넘었다는 뜻이에요.

1 밑줄 친 낱말이 바르게 쓰인 팻말을 모두 찾아 ○ 하세요.

빵집이 **우후죽순**으로 생기고 있어요.

낮 1시에 **오전** 진료를 시작해요.

선배가 **후배**에게 모범을 보였어요.

후반전부터 경기가 흥미진진했어요.

책을 읽기 전에 **독후감**을 써요.

2 속뜻짐작 각 문에 붙어 있는 수수께끼를 풀어야 문을 열 수 있어요. 빈칸에 알맞은 글자 하나를 보기에서 찾아 직접 써 주세요.

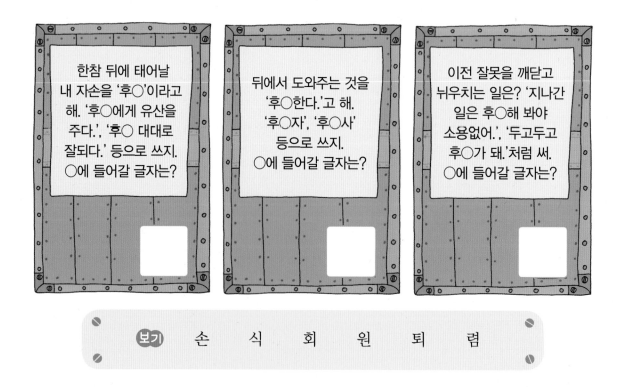

한참 뒤에 태어날 내 자손을 '후○'이라고 해. '후○에게 유산을 주다.', '후○ 대대로 잘되다.' 등으로 쓰지. ○에 들어갈 글자는?

뒤에서 도와주는 것을 '후○한다.'고 해. '후○자', '후○사' 등으로 쓰지. ○에 들어갈 글자는?

이전 잘못을 깨닫고 뉘우치는 일은? '지나간 일은 후○해 봐야 소용없어.', '두고두고 후○가 돼.'처럼 써. ○에 들어갈 글자는?

보기   손   식   회   원   퇴   렴

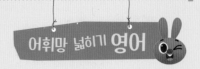
'안녕하세요.', '좋은 아침이에요.', '안녕히 주무세요.'처럼 인사말은 시간에 따라 달라요.
오전과 오후의 영어 표현과 시간에 따른 영어 인사를 알아봅시다.

Good morning.

아침에 하는 인사예요. '좋은 아침입니다.',
'안녕히 주무셨어요?' 같은 의미가 담겨
있어요.

Good afternoon.

'좋은 오후'라는 의미로 낮에 하는
'안녕하세요.'라는 인사예요. noon은
낮 12시인 정오로, afternoon은
정오의 뒤(after)라는 말이니
'오후'라는 뜻이에요.

Good night.

밤에 헤어질 때나 잠자기 전에 하는
인사예요. '안녕히 주무세요.'라는
뜻도 있어요.

Good evening.

해가 진 뒤 저녁에 하는 인사예요.
'안녕하세요.', '안녕히 가세요.'라는
뜻이에요.

QR 찍고 발음 듣기

장(長)이 들어간 낱말 찾기

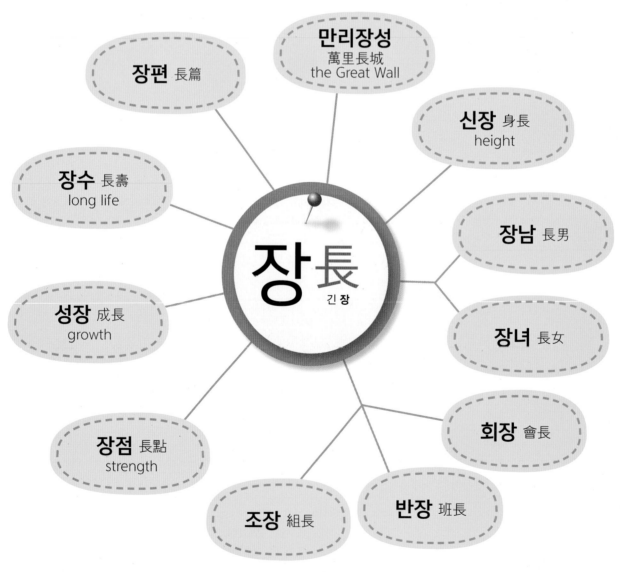

'장(長)' 자에는 '길다'라는 뜻 외에 장점에서는 '낫다', 회장에서는 '맏이, 우두머리', 성장에서는 '자라다'라는 뜻으로 쓰여요.

1 나무에 열매가 잔뜩 열렸어요. 각 열매가 설명하는 낱말을 보기에서 찾아서, 열매를 낱말과 같은 색으로 칠해 주세요.

보기 회장 장남 장편 성장 장점 장수

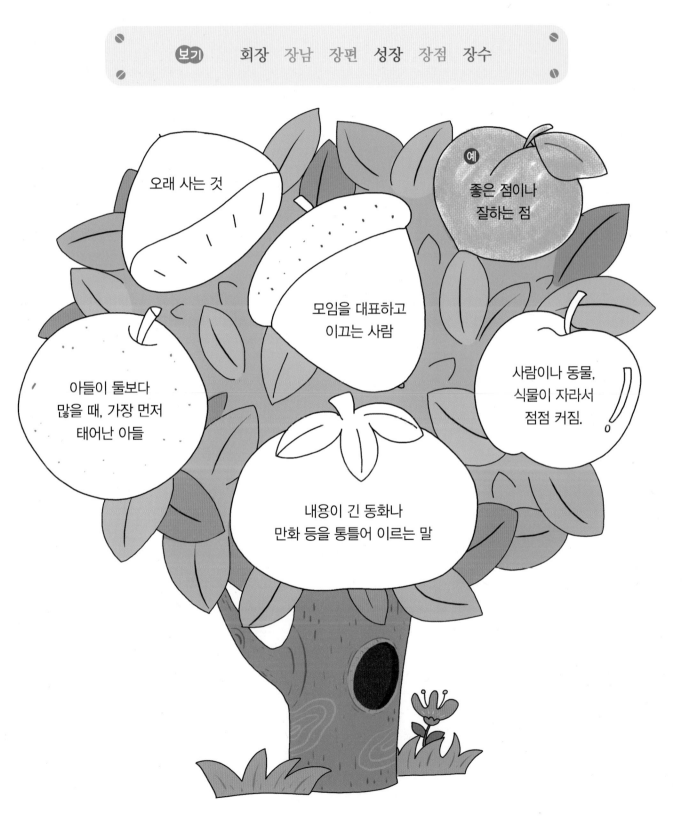

오래 사는 것

예 좋은 점이나 잘하는 점

모임을 대표하고 이끄는 사람

아들이 둘보다 많을 때, 가장 먼저 태어난 아들

사람이나 동물, 식물이 자라서 점점 커짐.

내용이 긴 동화나 만화 등을 통틀어 이르는 말

장수
長(긴 장) 壽(목숨 수)

장수는 목숨(목숨 수, 壽)이 길다(긴 장, 長)는 말로, 오래 사는 걸 뜻해요. 그래서 오래 사는 사람이 많은 마을을 '장수 마을'이라고 하지요. 옛 군대의 우두머리인 '장수'나 물건을 파는 '장수'와 소리는 같지만 뜻이 달라요.

장편
長(긴 장) 篇(책 편)

장편은 내용이 긴 동화나 소설, 만화 등을 가리켜요. '장편'이라고만 쓰기도 하고, '장편 동화', '장편 소설'처럼 다른 말 앞에 붙여 쓰기도 하지요. 반대로 내용이 짧은 건 '단편'이라고 해요.

만리장성
萬(일만 만) 里(마을 리/이)
長(긴 장) 城(재 성)

만리장성은 먼 옛날 중국이 북쪽에서 쳐들어오는 적을 막으려고 쌓은 성으로, 어마어마하게 길어요. 실제 길이는 약 6천 3백 킬로미터로, 만 리(약 4천 킬로미터)보다 길답니다.

신장
身(몸 신) 長(긴 장)

신장은 몸의 길이, 즉 키예요. '신장이 몇 센티미터야?'라고 물으면 키가 얼마인지 묻는 것이지요. 우리 조상들은 한 사람의 키 정도 되는 길이를 '길'이라고 했는데, '천 길 낭떠러지', '한 길 사람 속도 모른다.' 같은 말에 여전히 남아 있어요.

장남/장녀
長(긴 장) 男(사내 남) 女(여자 녀/여)

'장(長)' 자에는 '맏이'라는 뜻도 있어요. 그래서 맏아들은 장남, 맏딸은 장녀라고 부르지요. 손자 가운데 맏손자는 '장손'이라고 해요.

회장/반장
會(모일 회) 長(긴 장) 班(나눌 반)

'긴 장(長)' 자에는 '우두머리'라는 뜻도 있어요. 모임을 이끌면 '모일 회(會)' 자를 붙여 회장이라고 해요. 그리고 반(나눌 반, 班)을 이끌면 반장, 조(짤 조, 組)를 책임지면 '조장'이라고 하지요.

장점
長(긴 장) 點(점 점)

'장(長)' 자에는 '~보다 낫다'라는 뜻도 있어요. 그래서 장점은 남보다 잘하거나 좋은 점을 뜻하지요. 상대되는 말은 '짧을 단(短)' 자를 넣은 '단점'이 있어요. '단(短)' 자에는 '부족하다, 뒤떨어지다'라는 뜻이 있거든요.

성장
成(이룰 성) 長(긴 장)

성장은 생물이 자라서 점점 크는 걸 뜻해요. 여러분처럼 몸이 쑥쑥 자라는 시기는 '성장기'라고 하고, 자라는 정도는 '성장률', 자라면서 아픈 건 '성장통'이라고 해요.

나의 성장 흐름표

사람은 태어나고 자라면서 많은 변화가 생겨요. 몸도 마음도 성장하기 때문이지요. 이렇게 자라 온 과정을 하나의 표나 그림으로 나타낼 수 있는데, 이런 표나 그림을 '성장 흐름표'라고 해요. 성장 흐름표를 함께 만들어 볼까요?

〈나의 성장 흐름표 만들기〉

① 먼저 큰 화살표를 그리고, 그 안에 나이를 쓰세요.

② 각 나이별로 기억에 남는 일을 적어요.

③ 기억에 남는 일과 관련이 있는 그림을 그리거나 사진을 붙여요.

④ 나의 성장 흐름표 만들기 끝! 이제 표를 보면서 내가 얼마나 자랐는지 돌아보세요.

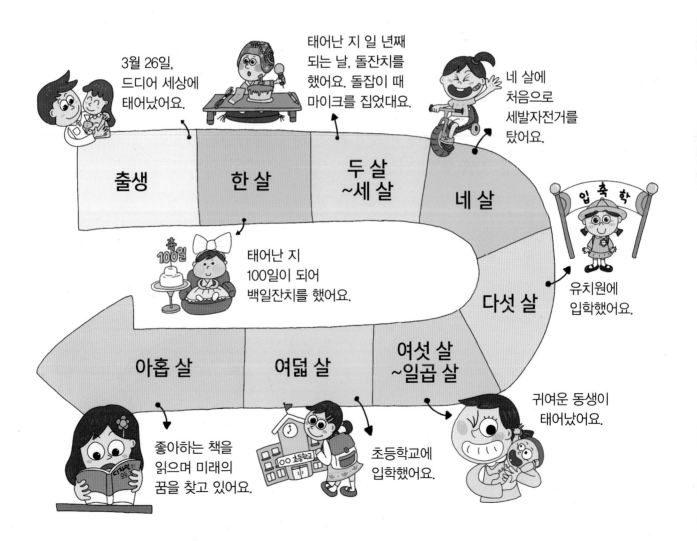

1 그림을 보고, 빈칸에 어울리는 낱말을 찾아 ○ 하세요.

일 년에 한 번씩 ☐을 재요.

| 장남 | 신장 | 만리장성 |

식물이 ☐하는 모습을 기록해요.

| 장편 | 성장 | 회장 |

☐ 마을에 가서 백 세 할아버지를 뵈었어요.

| 반장 | 장점 | 장수 |

2 속뜻짐작 아이가 도서관에 가려고 해요. 밑줄 친 낱말을 바르게 설명한 쪽지를 따라가면 길을 찾을 수 있어요.

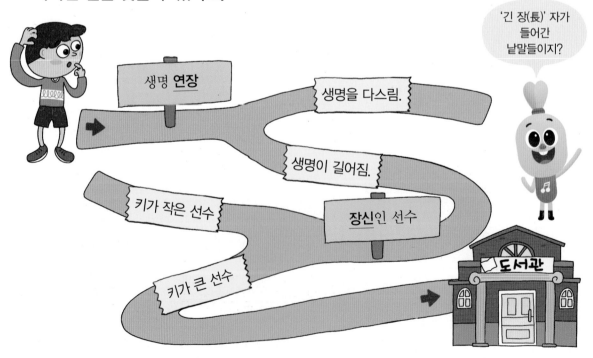

몸이 길면 '키가 크다'고 하고, 너비가 길면 '넓다'고 하고, 깊이가 길면 '깊다'고 해요.
키와 너비, 깊이가 길 때 영어로는 각각 어떻게 말할까요?

tall

tall은 아래에서 위까지의 길이가 길 때 쓰는 말로, '키가
크다' 혹은 '높다'라는 뜻이에요. 주로 사람의 키, 건물의
높이를 표현할 때 쓰지요. '나는 키가 150센티미터예요.'는
영어로 'I am 150cm tall.'이라고 해요.

2주 5일
학습 끝!

붙임 딱지 붙여요.

wide

wide는 물체를 가로로 건너
지른 거리인 너비가 길 때 쓰
는 말로, '넓다'라는 뜻이에
요. 보통 강이나 길의 너비가
넓을 때 wide라는 말을 써요. wide
river는 '넓은 강'이라는 뜻이에요.

deep

deep은 표면에서 밑바닥까지의 길이, 겉
에서 속까지의 길이가 길 때 쓰는 말로, '깊
다'는 뜻이에요. 주로 구멍이나 물이 깊을
때 쓰지요. '깊은 구멍'은 deep hole, '깊
은 강'은 deep river라고 해요.

QR 찍고 발음 듣기

화장실(될/변화할 화 化, 단장할 장 粧, 집 실 室): 몸치장도 하고 용변도 보는 방이에요.

옛날 영국 남자들 사이에서는 하얀 가발을 쓰는 게 유행이었지.

어흠…… 멋진걸

더 멋지게 보이려고 가발에 가루(파우더)를 뿌리기도 했어.

켝 너무 많이…… 컥

그래서 아예 침실 옆에 작은 방을 만들어서 파우더도 뿌리고, 손도 씻고 가벼운 용변도 봤단다.

아~

그 방을 파우더 뿌리는 방이라고 해서 '파우더 클라짓'이라고 불렀어. 동양에선 이 방을 화장하는 방, 즉 '화장실'이라고 부르게 된 거고.

그렇구나

끄덕 끄덕

그럼 저도 얼른 화장하는 방으로…….

정리부터 하시죠, 아드님!

어허 어딜

헙 덥석

밀가루

토닥이와 함께
파이팅!

PART 2

PART 2에서는 상대어나 주제어를 중심으로
관련이 있는 낱말들을 연결해서 배워요.

원(遠)과 근(近) 비교하기

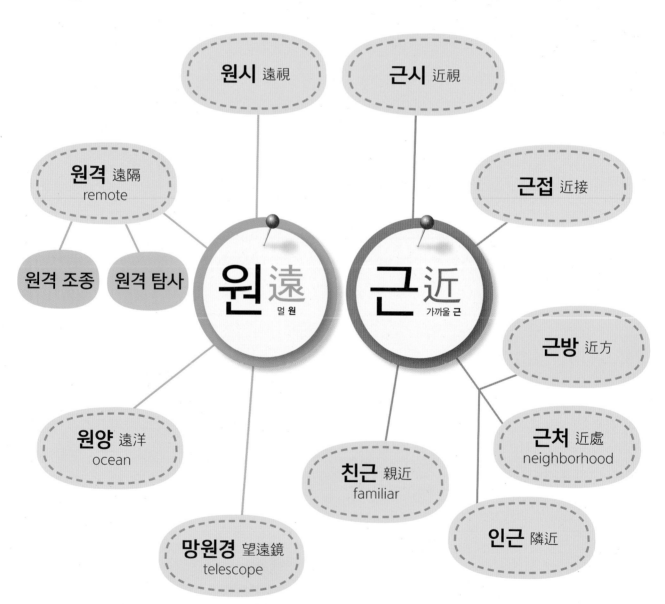

원시 遠視

근시 近視

원격 遠隔
remote

근접 近接

원격 조종

원격 탐사

원遠
멀 원

근近
가까울 근

근방 近方

원양 遠洋
ocean

근처 近處
neighborhood

친근 親近
familiar

인근 隣近

망원경 望遠鏡
telescope

1 보물 상자 중에서 가까운 것과 관련이 있는 붙임 딱지는 배와 가까운 섬에 붙이고, 먼 것과 관련이 있는 붙임 딱지는 배와 멀리 떨어진 섬에 붙여 주세요.

2 그림을 보고 ( )에서 알맞은 낱말을 골라 ○ 하세요.

(근시 / 원시)라서 가까운 것만
잘 보여요.

경호원들이 (근접 / 원격)
경호를 하고 있어요.

장난감 비행기를
(원격 / 근방) 조종해요.

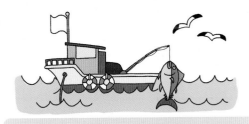

선원들이 (인근 해안 / 원양) 어선을
타고 멀리 나가 물고기를 잡아요.

원시 VS 근시
遠(멀 원) 視(볼 시) 近(가까울 근)

멀리 떨어진 칠판 글씨가 잘 안 보이면 근시예요. 근시는 가까운(가까울 근, 近) 것은 잘 보고 멀리 있는 것은 잘 보지 못하는 시력이거든요. 반대로 원시는 멀리(멀 원, 遠) 있는 것이 잘 보이고 가까운 것이 잘 안 보이는 시력이에요.

원격 VS 근접
遠(멀 원) 隔(막힐 격)
近(가까울 근) 接(이을 접)

원격 조종하는 자동차나 비행기를 가지고 놀아 본 적이 있나요? 원격은 멀리 떨어져 있다는 뜻이고, '원격 조종'은 멀리 떨어져서 조종하는 것이에요. '원격 탐사'는 직접 보거나 만지지 않고 멀리서 정보를 찾는 것이지요. 원격과 반대로 아주 가까이 있는 것은 근접이라고 해요. '근접 촬영', '근접 도시'처럼 써요.

원양
遠(멀 원) 洋(큰 바다 양)

원양은 육지에서 멀리(멀 원, 遠) 떨어진 넓은 바다(큰 바다 양, 洋)예요. 먼바다에 나가 물고기를 잡는 일은 '원양 어업'이라고 하고, 원양 어업을 하는 배는 '원양 어선'이라고 해요.

망원경
望(바랄 망) 遠(멀 원) 鏡(거울 경)

아주 멀리 있는 물체를 보려면 어떻게 해야 할까요? 망원경을 쓰면 돼요. 망원경은 볼록한 렌즈(거울 경, 鏡)를 이용해 멀리(멀 원, 遠) 있는 것을 보게 해 주는 도구거든요.

근방 / 근처
近(가까울 근) 方(모 방) 處(곳/살 처)

근방과 근처는 모두 가까운 곳을 뜻해요. '주변', '부근', 그리고 '인근'과 비슷한말이지요. 원양이 아닌 가까운 바다를 말할 때에는 '인근 해안' 또는 '근해'라고 불러요.

친근
親(친할 친) 近(가까울 근)

친근은 친하고 가까운 거예요. '우리는 자매처럼 친근해요.'라고 하면 둘이 아주 가까운 사이라는 뜻이지요. 간혹 사람 외의 것에 '친근하다'고 하는데, 이 때에는 그 물건이나 상황이 매우 익숙하다는 뜻으로, '친숙'과 바꿔 쓸 수 있어요.

세계의 바다, 오대양

참치 같은 생선은 대부분 원양 어선을 타고 먼바다로 나가서 잡아요. 우리나라 사람들이 배를 타고 나가는 세계의 바다에 대해 알아볼까요?

〈오대양〉

세계에는 다섯(다섯 오, 五) 개의 큰(큰 대, 大) 바다(큰 바다 양, 洋)가 있어요.
이 바다를 통틀어 '오대양'이라고 하지요. 다섯 개의 대양은 무엇인지 지도로 살펴봐요.

북극해
북극해는 북극 근처에 있는 바다예요. 유럽, 아시아와 북아메리카 대륙에 둘러싸여 있지요. 추운 북극점에 가까워서 얼음으로 뒤덮인 부분이 많아요.

대서양
대서양은 유럽 대륙(큰 대, 大)의 서쪽(서녘 서, 西)에 있는 바다(큰 바다 양, 洋)로, 유럽, 아프리카 대륙과 아메리카 대륙 사이에 있어요.

인도양
인도양은 '인도의 바다'라는 뜻으로, 인도의 남쪽에 있어요. 아프리카, 아시아, 오세아니아, 남극 대륙에 둘러싸여 있고, 오대양 중 비교적 작은 편이에요.

태평양
태평양은 세계 바다의 반을 차지할 정도로 넓은 바다예요. 그래서 이름에도 '클 태(太)' 자가 들어가지요. 아시아, 오세아니아, 아메리카, 남극 대륙 등에 둘러싸여 있어요.

남극해
남극해는 남극 근처에 있는 바다예요. 거의 1년 내내 바닷물에 큰 빙산이나 얼음 조각이 떠다녀요.

1 빈칸에 들어갈 알맞은 말을 찾아 선으로 이어 주세요.

☐(이)라서 교실 뒤쪽에 앉으면 칠판 글씨가 잘 안 보여요.	원시
☐(이)라서 책을 너무 가까이 보면 글씨가 잘 안 보여요.	근시
☐ 어선은 먼바다에서 물고기를 잡아요.	인근
이 생선은 멀지 않은 ☐ 해안에서 잡은 거예요.	원양
이 사진은 꽃을 가까이에서 ☐ 촬영한 거예요.	근접
리모컨으로 모형 비행기를 ☐ 조종해요.	원격

2 속뜻 짐작 밑줄 친 낱말을 알맞게 쓴 해적들을 모두 찾아 ○ 하세요.

항구 **근처**에 사는 아가씨를 사랑하게 됐어. 어떻게 하지?

일단 **친근**하게 말을 걸어 봐.

영원히 사랑하겠다고 고백하면 어때?

멀리 떨어진 **근교**로 놀러 가면 어때?

도시에서 가까운 마을인 근교로 가야지.

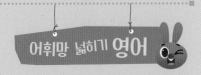
영어에도 '멀다' 혹은 '가깝다'를 뜻하는 단어가 있어요.
거리에 따라 어떤 영어 단어를 쓰는지 살펴볼까요?

close

close는 '가깝다'는 뜻이에요. 'My house is close to here.'라고 하면 '우리 집은 여기에서 가까워.'라는 뜻이에요.

far

far는 '멀다'는 뜻이에요. 'My school is far from here.'라고 하면 '학교가 여기에서 멀어.'라는 뜻이에요.

My house is close to here. But my shchool is far from here.

3주 l일
학습 끝!

붙임 딱지 붙여요.

here

here는 '여기, 이곳으로'라는 뜻으로, 가까운 곳을 가리킬 때 써요. 'Put the chair here.'라고 하면, '의자를 여기 놓으세요.'라는 뜻이에요.

there

there는 '저기, 거기, 그곳에서'라는 뜻으로, 먼 곳을 가리킬 때 써요. 'Put the box there.'라고 하면, '상자를 저기 놓으세요.'라는 뜻이에요.

And put the box there.

Put the chair here.

QR 찍고 발음 듣기

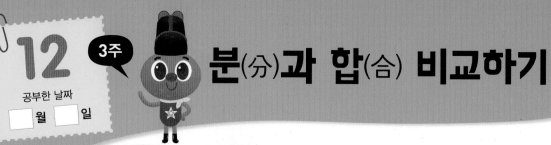

분(分)과 합(合) 비교하기

1 악당이 훔쳐 간 로봇 장난감을 되찾으려고 나섰어요. 빈칸에 알맞은 낱말이 적힌 길을 따라가서 로봇 장난감을 찾아보세요.

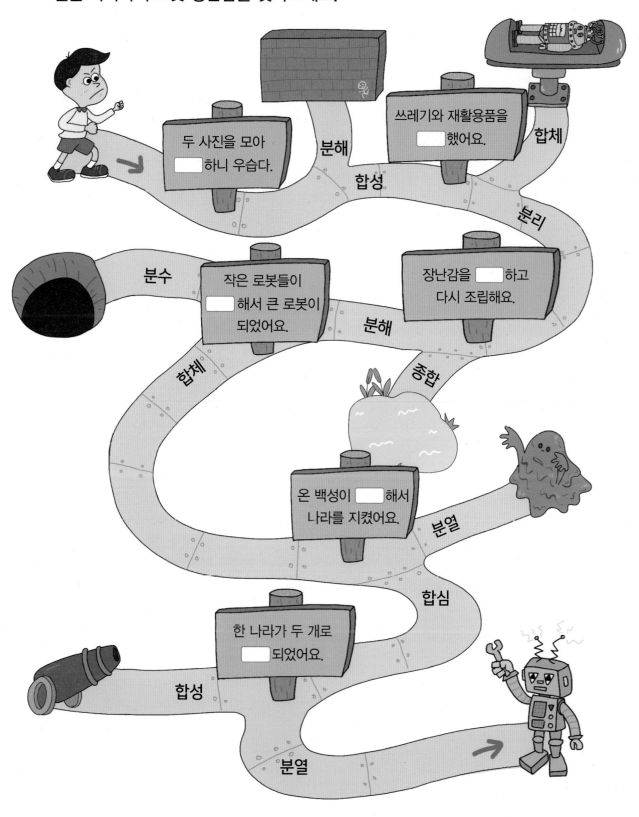

두 사진을 모아 ☐하니 우습다.

분해

쓰레기와 재활용품을 ☐했어요.

합체

합성

분리

분수

작은 로봇들이 ☐해서 큰 로봇이 되었어요.

장난감을 ☐하고 다시 조립해요.

합체

분해

종합

온 백성이 ☐해서 나라를 지켰어요.

분열

합심

한 나라가 두 개로 ☐되었어요.

합성

분열

분열 vs 합심

分(나눌 분) 裂(찢을 렬/열)
合(합할 합) 心(마음 심)

분열은 찢어져서(찢을 렬/열, 裂) 나뉜다(나눌 분, 分)는 뜻으로, '갈라짐'으로 바꿔 쓸 수 있어요. 분열이 계속되어 나누어지면 '분단'이라고 해요. 반대로 합심은 마음을 하나로 모으는 거예요. 마음이 아니라 뜻을 모으면 '합의', 힘을 모으면 '합세'한다고 해요.

분해 vs 합성

分(나눌 분) 解(풀 해)
合(합할 합) 成(이룰 성)

물건을 낱낱이 나누는 것을 분해라고 해요. 장난으로 장난감을 분해하기도 하고, 고장 난 라디오나 텔레비전을 수리하려고 분해하기도 하지요. 반대로 합성은 여럿을 합해서 하나를 만드는 거예요. 사진을 합하면 '합성 사진'이라고 하고, 석유, 석탄 등을 합해서 만든 섬유는 '합성 섬유', 석유와 여러 가지를 합해서 만든 세제는 '합성 세제'라고 해요.

분리 vs 합체

分(나눌 분) 離(떠날 리/이)
合(합할 합) 體(몸 체)

플라스틱과 종이 등을 나누어 버리는 걸 '분리수거'라고 하지요? 이처럼 분리는 나누어 떨어뜨리는(떠날 리/이, 離) 거예요. 분리와는 반대로, 둘 이상을 합쳐서 하나가 되는 것을 합체라고 해요. 작은 장난감 로봇을 합체하면 큰 로봇이 되고, 이것을 분리하면 다시 작은 로봇이 되지요.

분수

分(나눌 분) 數(셈 수)

$\frac{1}{3}$ $\frac{1}{2}$

분수는 1이나 2 같은 정수를 나눈 수예요. 예를 들어 1을 3으로 나누면 $\frac{1}{3}$로 표시하고 '삼분의 일'이라고 읽어요. '분수에 맞게 살아라.'처럼 사정에 맞는 것을 뜻하는 '분수'도 소리와 한자가 같아요.

종합 병원

綜(모을 종) 合(합할 합)
病(병 병) 院(집 원)

'종합'은 여러 가지를 모아서(모을 종, 綜) 합한다(합할 합, 合)는 말이에요. 그래서 내과, 치과, 안과 등 여러 진료 과목이 모여 있는 병원을 종합 병원이라고 해요.

부분을 나타내는 수, 분수

분수에 대해 좀 더 알아볼까요? 분수는 분모와 분자로 이루어져 있어요. $\frac{1}{5}$이라는 분수에서 5는 분모이고 1은 분자이지요. 그럼 $\frac{1}{5}$에는 어떤 속뜻이 담겨 있을까요? $\frac{1}{5}$에는 '나는 전체를 다섯으로 나눈 것 가운데 하나야.'라는 뜻이 담겨 있어요. 피자 한 판을 다섯 조각으로 나누면, 그중 하나가 바로 $\frac{1}{5}$이지요. $\frac{3}{5}$이라면 '나는 전체를 다섯으로 나눈 것 가운데 세 개야.'라는 속뜻이 담겨 있어요. 잘 이해가 안 된다고요? 그럼 피자를 가지고 좀 더 자세히 알아볼까요?

똑같이 나눈 다섯 조각 중 세 조각을 분수로 나타내 볼까요?

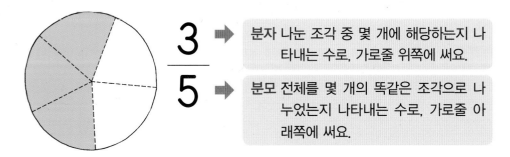

$\frac{3}{5}$

➡ 분자 나눈 조각 중 몇 개에 해당하는지 나타내는 수로, 가로줄 위쪽에 써요.

➡ 분모 전체를 몇 개의 똑같은 조각으로 나누었는지 나타내는 수로, 가로줄 아래쪽에 써요.

읽을 때에는 '오분의 삼'이라고 읽어요.

1 밑줄 친 낱말에 '나누다'라는 뜻이 담겨 있으면 돛을 노랗게 칠하고, '합하다'라는 뜻이 담겨 있으면 돛을 파랗게 칠해 주세요.

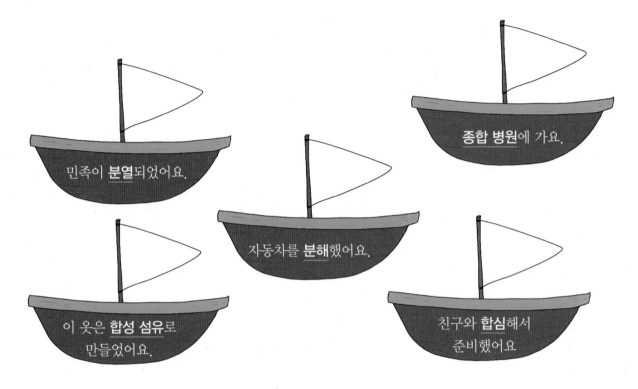

민족이 **분열**되었어요.

종합 병원에 가요.

자동차를 **분해**했어요.

이 옷은 **합성** 섬유로 만들었어요.

친구와 **합심**해서 준비했어요

2 속뜻 짐작 밑줄 친 낱말의 뜻을 바르게 설명한 것을 찾아 선으로 이어 주세요.

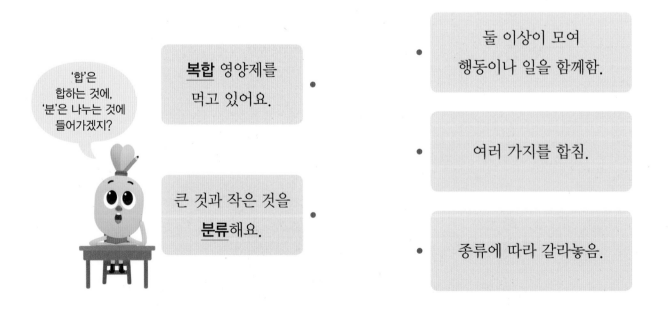

'합'은 합하는 것에, '분'은 나누는 것에 들어가겠지?

복합 영양제를 먹고 있어요.

큰 것과 작은 것을 **분류**해요.

둘 이상이 모여 행동이나 일을 함께함.

여러 가지를 합침.

종류에 따라 갈라놓음.

쓰고 난 종이, 유리 등을 재활용품으로 분리해서 버려 본 적이 있나요?
재활용품을 분리수거할 때 꼭 알아야 할 영어 단어를 알아볼까요?

glass

glass는 '유리'예요. '유리병'은 glass bottle이라고 해요.

paper

paper는 '종이, 신문, 서류' 등을 가리켜요. 재활용품으로 배출된 종이는 화장지가 되기도 하고, 다시 종이가 되기도 해요.

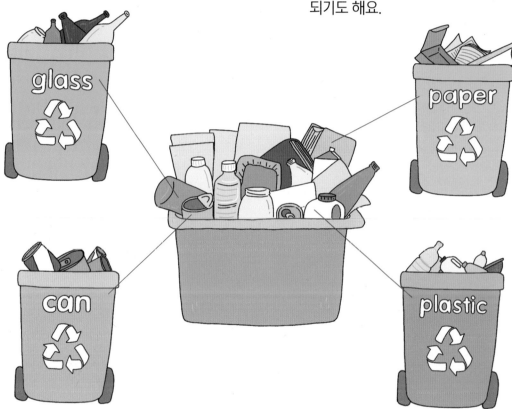

3주 2일
학습 끝!

붙임 딱지 붙여요.

can

can은 '깡통, 통조림'을 뜻해요. a can of beans라고 하면 '콩 통조림 한 캔'이라는 뜻이고, a paint can이라고 하면 '페인트 한 깡통'이라는 뜻이에요.

plastic

plastic은 우리말로도 플라스틱이라고 해요. '플라스틱 그릇'은 plastic bowl이라고 해요.

QR 찍고 발음 듣기

장(長)단(短)고(高)저(低)가 들어간 말 비교하기

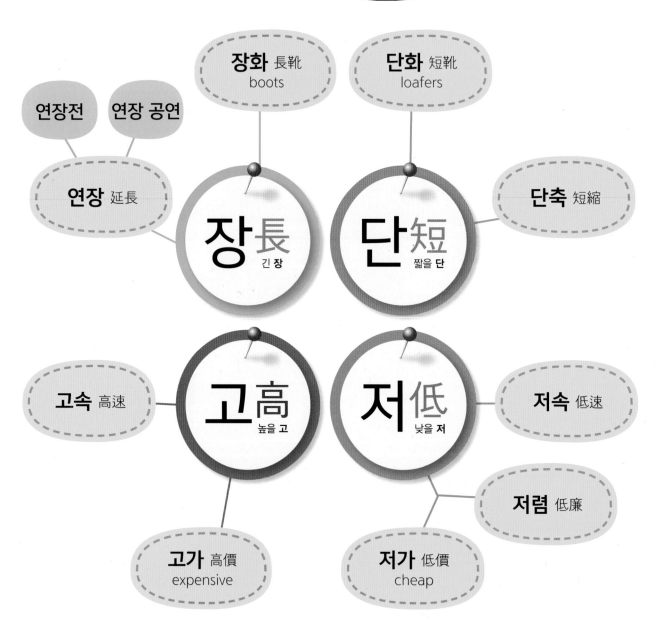

연장전 / 연장 공연

연장 延長

장화 長靴 boots

장 長 긴 장

단화 短靴 loafers

단 短 짧을 단

단축 短縮

고속 高速

고 高 높을 고

고가 高價 expensive

저 低 낮을 저

저속 低速

저렴 低廉

저가 低價 cheap

1 왼쪽에 있는 낱말과 뜻이 상대되는 낱말 붙임 딱지를 찾아 빈칸에 붙여 주세요.

2 밑줄 친 낱말의 뜻을 찾아 선으로 이어 주세요.

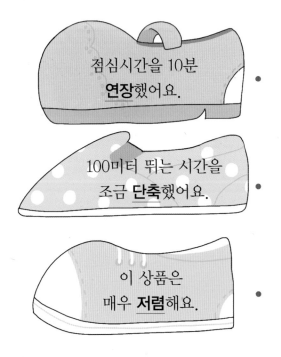

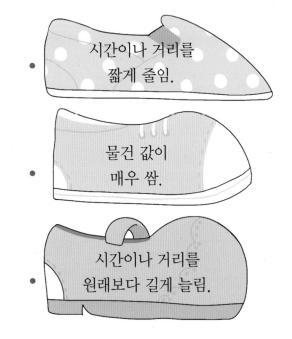

점심시간을 10분 **연장**했어요.

100미터 뛰는 시간을 조금 **단축**했어요.

이 상품은 매우 **저렴**해요.

시간이나 거리를 짧게 줄임.

물건 값이 매우 쌈.

시간이나 거리를 원래보다 길게 늘림.

91

장화 vs 단화
長(긴 장) 靴(가죽신 화) 短(짧을 단)

'긴 장(長)' 자가 들어간 **장화**는 목이 길게 올라오는 신발로, 비가 오는 날이나 말을 탈 때, 그리고 물이 많은 곳에서 일을 할 때 신어요. 반대로 목이 짧은 신발은 '짧을 단(短)' 자를 써서 **단화**라고 하지요. 여러분이 신는 가벼운 스니커즈 운동화도 단화에 속해요.

연장 vs 단축
延(끌 연) 長(긴 장)
短(짧을 단) 縮(줄어질 축)

연장은 시간이나 거리를 원래보다 늘리는 거예요. 운동 경기에서 정해진 시간 안에 승부가 나지 않아 경기 시간을 늘리면 '연장전'이라고 하고, 정해진 횟수보다 늘려서 공연하면 '연장 공연'이라고 해요. 반대로 **단축**은 시간이나 거리를 줄이는 거예요. 시간을 줄여서 수업하면 '단축 수업'이라고 하고, 100미터 달리기를 하는 시간이 줄면 '기록을 단축했다.'고 말해요.

고속 vs 저속
高(높을 고) 速(빠를 속) 低(낮을 저)

고속은 빠른 속도라는 뜻이고, **저속**은 느린 속도라는 뜻이에요. 고속이나 저속은 '고속 주행', '저속 주행'처럼 차나 비행기 따위의 움직임을 나타낼 때 쓰지요. 여러분이 많이 듣는 '고속 도로'는 차가 빨리 달릴 수 있게 만든 도로이고, '고속버스'는 고속 도로로 매우 빨리 달리는 버스예요.

고가 vs 저가
高(높을 고) 價(값 가) 低(낮을 저)

고가는 높은(높을 고, 高) 가격(값 가, 價)이라는 뜻으로, 비싼 것을 말해요. '고가의 물품', '고가로 팔리다.'처럼 쓰지요. 반대로 **저가**는 가격이 낮다(낮을 저, 低), 즉 싸다는 뜻이에요. '저가'와 비슷한말로는 '저렴'이 있어요. 저렴의 '렴(廉)' 자에는 '검소하다, 값싸다'라는 뜻이 있어요.

길이 비교하기

길고 짧은 것을 '장단(長短)'이라고 해요. 그런데 어떤 것이 더 긴지 알려면 길이를 정확하게 표현하는 '단위'가 필요해요. 하나는 손으로 재고 하나는 발로 재면 길이를 제대로 비교할 수 없으니까요. 그럼 길이를 재는 다양한 단위에 대해 알아볼까요?

〈옛날의 길이 단위〉

옛날에는 주로 몸을 기준으로 길이를 쟀어요. 각 나라에서 몸으로 어떻게 길이를 쟀는지 살펴봐요.

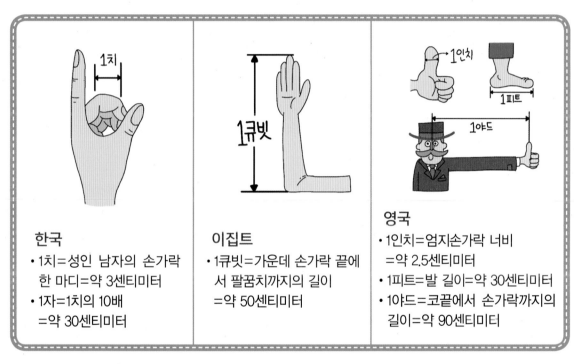

한국
- 1치=성인 남자의 손가락 한 마디=약 3센티미터
- 1자=1치의 10배 =약 30센티미터

이집트
- 1큐빗=가운데 손가락 끝에서 팔꿈치까지의 길이 =약 50센티미터

영국
- 1인치=엄지손가락 너비 =약 2.5센티미터
- 1피트=발 길이=약 30센티미터
- 1야드=코끝에서 손가락까지의 길이=약 90센티미터

하지만 다른 나라에 자주 오가게 되면서, 단위가 다른 게 불편해졌어요. 그래서 오늘날 세계는 미터(m)라는 단위로 길이를 표시해요. 미터를 더 잘게 쪼개면 센티미터, 밀리미터가 되고, 여러 개 합치면 킬로미터가 되지요. 미터는 얼마나 긴지 볼까요?

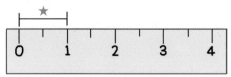

★ 이 길이를 '1cm'라고 쓰고, '1 센티미터'라고 읽어요.

길이	읽기(미터와 비교하기)
1mm	1밀리미터(미터를 1,000으로 나눈 길이)
1cm	1센티미터(미터를 100으로 나눈 길이)
1m	1미터
1km	1킬로미터(미터를 1,000개 이은 길이)

1 빈칸에 들어갈 알맞은 글자를 써 보세요.

승부가 안 나서 **연**☐ 전까지 갔어요.

☐**축** 수업을 해서 집에 일찍 왔어요.

값이 싼 ☐**가** 항공이 인기예요.

☐**가** 장난감은 비싸기 때문에 함부로 만지면 안 돼요.

2 속뜻 짐작 각 문장을 읽고 ( )에서 알맞은 낱말을 골라 ○ 하세요.

① 고속 도로에 차가 너무 많아서, 고속버스도 (**고속** / **저속**)으로 달려요.

② 여름에는 (**고온** / **저온**)이어서 선수들이 땀을 많이 흘려요.

③ (**단거리** / **장거리**) 달리기 선수들이 오랜 경주에 지쳐 쓰러졌어요.

온도가 낮으면 땀을 흘릴 일이 없지.

짧은 거리를 오래 달리진 않을 것 같아.

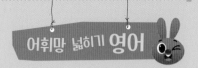
영어에도 높낮이와 길고 짧음을 나타내는 단어가 있어요.
그림을 보면서 함께 살펴보아요.

low high

low는 높이나 수준, 가격 따위가 '낮은' 거예요. low mountain은 '낮은 산'이라는 뜻이고, low clouds는 '낮게 떠 있는 구름'을 말해요. 'The mountain is low.'라고 하면, '산이 낮아요.'라는 뜻이에요.

high는 높이나 수준, 가격 따위가 '높은' 거예요. 'Mt.Baekdu is high.'라고 하면 '백두산은 높아요.'라는 뜻이에요. 'Mt.'은 '산'을 뜻하는 mountain을 줄여서 표현한 거예요.

long short

long은 물건의 길이나 거리, 시간 따위가 '긴' 거예요. '긴 머리카락'은 long hair라고 해요. hair는 '머리카락'을 뜻하지요. long은 '키가 크다'는 뜻으로도 쓰이는데, 이런 뜻으로 쓰이는 단어에는 tall이 있어요.

short는 물건의 길이나 거리, 시간 따위가 '짧은' 거예요. '짧은 머리'는 short hair라고 해요. 'He is short.'라고 하면 '그는 키가 작다.'라는 뜻이에요.

3주 3일
학습 끝!

붙임 딱지 붙여요.

QR 찍고 발음 듣기

공부한 날짜
□월 □일

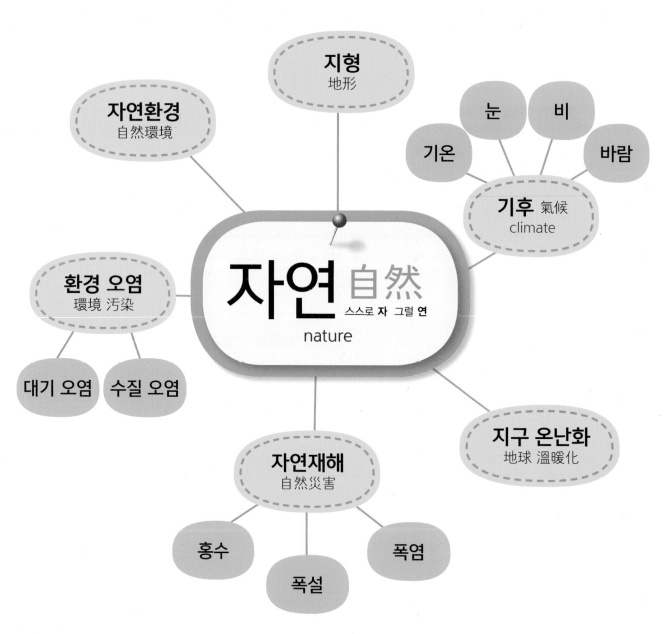

1 그림을 보고 지형과 관련된 칸에는 ○, 기후와 관련된 칸에는 △ 하세요.

이곳은 일 년 내내 추워.

이곳에는 비가 많이 내려.

이 지역 논은 평평해.

산은 땅이
볼록 솟은 모양이야.

바닷가는 바다 옆에
있는 땅이야.

이곳은 일 년
내내 더워.

2 옆으로 놓인 사다리를 타고 이동하면, 낱말에 어울리는 뜻풀이를 만날 수 있어요.
여러분이 짐작한 뜻과 같은지 확인해 보세요.

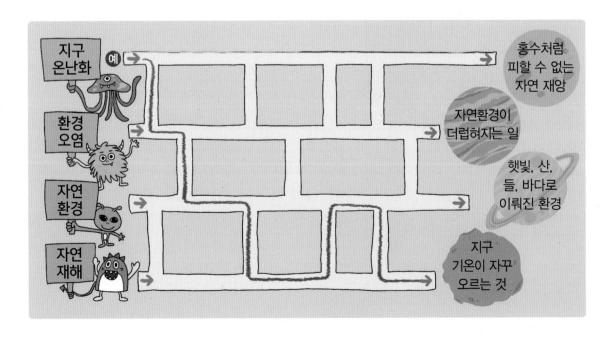

우리는 햇빛, 공기, 산, 강, 생물 같은 자연의 도움을 받으며 살아요. 우리 생활과 떼려야 뗄 수 없는 자연에 대해 알아볼까요?

자연환경
自(스스로 자) 然(그럴 연)
環(고리 환) 境(지경 경)

햇빛, 산과 하늘, 강이나 바다처럼 사람이 만들지 않고 저절로(스스로 자, 自) 그러하게(그럴 연, 然) 생겨난 것을 '자연'이라고 해요. 자연은 우리를 둘러싸고 있기 때문에 '환경'이라는 말을 붙여서 자연환경이라고 하지요. 사람과 자연환경은 서로 영향을 주고받는 사이랍니다.

지형
地(땅 지) 形(모양 형)

지형은 높고 낮거나 구불거리거나 평평하기도 한 땅(땅 지, 地)의 모양(모양 형, 形)을 뜻해요. 산은 높이 솟아오른 땅이고, 들은 평평하고 넓게 트인 땅이에요. 바닷가는 바다 주변에 있는 땅으로, 물에 잠겼다가 드러나는 갯벌도 있고 모래가 가득한 모래사장도 있지요.

기후
氣(기운 기) 候(기후 후)

기후란 한 지역에서 오랜 시간에 걸쳐 나타난 기온, 비, 눈, 바람 따위의 날씨를 평균적으로 말하는 것이에요. 세계는 지역마다 기후가 달라요. 일 년 내내 추운 곳도 있고, 덥고 비가 많이 오는 곳도 있지요. 반면에 비가 거의 내리지 않는 사막 같은 곳도 있어요. 우리나라는 봄, 여름, 가을, 겨울 사계절이 있는 온화한 기후예요.

지구 온난화

地(땅 지) 球(공 구) 溫(따뜻할 온)
暖(따뜻할 난) 化(될/변화할 화)

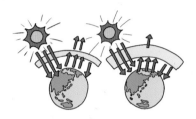

지구는 매우 빠른 속도로 따뜻해지고 있어요. 이런 현상을 **지구 온난화**라고 해요. 그런데 지구가 왜 이렇게 따뜻해질까요? 가축이 트림을 하거나 방귀를 뀔 때, 자동차가 석유를 이용해 달릴 때에는 메탄이나 이산화탄소 같은 온실가스가 나와요. 온실가스는 태양열이 지구 밖으로 나가는 것을 막지요. 지구 온난화로 북극 얼음이 녹아서 북극곰의 살 곳이 줄고, 바닷물이 많아져서 몇몇 섬들은 물에 잠기고 있어요. 지구 온난화를 막으려면 어떻게 해야 할지 한번 생각해 보세요.

자연재해

自(스스로 자) 然(그럴 연)
災(재앙 재) 害(해칠 해)

자연은 가끔씩 우리에게 큰 피해를 주기도 해요. 자연이 주는 재앙(재앙 재, 災)과 피해(해칠 해, 害)를 **자연재해**라고 하지요. 자연재해에는 어떤 것이 있는지 알아볼까요?

홍수 비가 많이 와서 강이나 개천 물이 불어나요.

폭설 짧은 시간 동안 갑자기 눈이 많이 내려요.

폭염 견디기 어려울 정도로 매우 심한 더위로, '불볕더위'와 같은 말이에요.

환경 오염

環(고리 환) 境(지경 경)
汚(더러울 오) 染(물들일 염)

미세 먼지가 낀 서울

사람들 때문에 자연환경이 더럽게(더러울 오, 汚) 물드는(물들일 염, 染) 것을 **환경 오염**이라고 해요. 환경 오염 중에는 공기가 더러워지는 '대기 오염'이 있어요. 대기 오염은 주로 차에서 나오는 매연 등으로 생기는데, 최근에는 대기에 섞인 미세 먼지 때문에 골머리를 앓고 있어요. 미세 먼지는 눈에 보이지 않을 정도로 매우 작은 먼지 덩어리예요. 한편 환경 오염에는 공장에서 쓰고 버린 물 등으로 강이나 호수가 더러워지는 '수질 오염'과, 비료나 쓰레기 등으로 흙이 망가지는 '토양 오염'도 있어요.

1 자연은 우리에게 도움을 주기도 하지만 큰 피해를 주기도 해요. 다음 그림들은 어떤 자연재해와 관련이 있는지, 초성을 참고해 써 주세요.

| ㅍ | ㅅ |은/는 눈이 갑자기 많이 내리는 거예요.

| ㅎ | ㅅ |은/는 비가 많이 와서 물이 크게 부는 거예요.

| ㅍ | ㅇ |은/는 심한 더위를 말해요.

2 다음은 환경 오염 가운데 무엇에 대한 것일까요? (　　　) 안에 있는 힌트를 참고해서 어울리는 낱말 카드와 선을 이어 주세요.

(물의 질 오염) 때문에
물고기가 모두 죽었어.   •

(아주 작은 먼지)은/는
우리 몸속에 들어오기 쉬워.   •

농약을 많이 쓰면
(흙 오염)이/가 될 가능성이 커.   •

•   **토양 오염**

•   **미세 먼지**

•   **수질 오염**

100

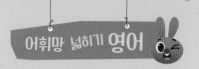

날씨는 영어로 weather예요.
날씨와 관련된 영어 단어에는 어떤 것들이 있는지 알아볼까요?

lightning

lightning은 '번개'나 '번갯불'이에요. '번개가 쳐요.'는 'The lightning strikes.'라고 해요.

snow

snow는 '눈' 또는 눈이 내리는 상태예요. '눈이 내리고 있어요.'는 'Snow is falling.' 또는 'It is snowy.'라고 해요. fall은 '내려온다'는 뜻이에요.

cloud

cloud는 구름을 뜻해요. 구름이 껴서 날씨가 흐리면 'It's cloudy.'라고 해요.

rain

rain은 '비' 또는 비가 오는 상태예요. 'It rains today.', 'It's a rainy day.'는 '오늘은 비가 내려요.'라는 뜻이에요.

wind

wind는 '바람'이에요. 날씨가 어떤지 물을 때에는 'How's the weather?'라고 하는데, 만일 바람이 분다면 'It's windy.'라고 말하면 돼요.

3주 4일
학습 끝!

붙임 딱지 붙여요.

QR 찍고 발음 듣기

도형(圖形) 관련 말 찾기

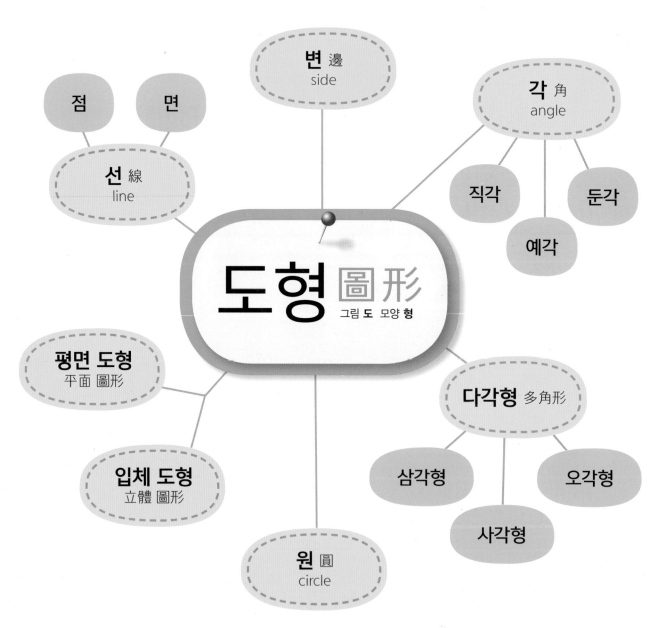

변 邊
side

각 角
angle

점

면

직각

둔각

예각

선 線
line

도형 圖形
그림 도 모양 형

평면 도형
平面 圖形

다각형 多角形

입체 도형
立體 圖形

삼각형

오각형

사각형

원 圓
circle

1 기차를 타고 바닷가로 여행을 떠나려고 해요. 기찻길에 있는 퀴즈의 답을 붙임 딱지에서 찾아 붙이며 바닷가로 떠나 보세요.

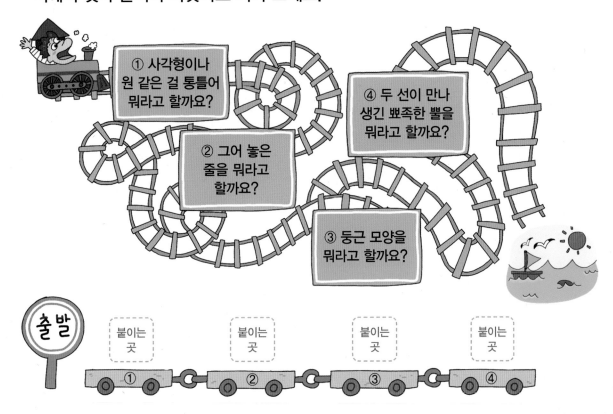

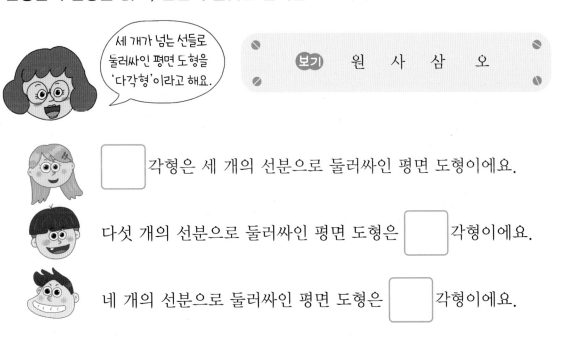

2 선생님의 설명을 읽고, 빈칸에 알맞은 글자를 보기 에서 찾아 써 보세요.

세 개가 넘는 선들로 둘러싸인 평면 도형을 '다각형'이라고 해요.

보기 　원　사　삼　오

☐ 각형은 세 개의 선분으로 둘러싸인 평면 도형이에요.

다섯 개의 선분으로 둘러싸인 평면 도형은 ☐ 각형이에요.

네 개의 선분으로 둘러싸인 평면 도형은 ☐ 각형이에요.

우리 주변에 있는 물건들은 모두 모양이 있어요. 어떤 것은 세모나고, 어떤 것은 네모나지요. 이런 모양(모양 형, 形)을 '도형'이라고 해요. 도형의 세계로 출발해 볼까요?

선
線(줄 선)

'선으로 이어 보세요.'라는 문제를 읽은 적이 있지요? 이 때 선은 '줄 선(線)' 자로, 죽 그어 놓은 줄이에요. 하지만 수학에서는 셀 수 없이 많은 점이 이어진 것을 **선**이라고 해요. 아래 그림처럼 '점'이 모여 '선'이 되고, 선이 모여 '면'이 돼요.

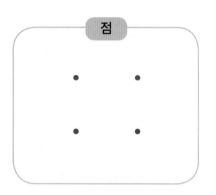
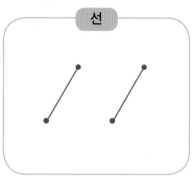

변
邊(가 변)

강변이 강의 가장자리를 말하는 것처럼, 변은 물건이나 장소의 가장자리(가 변, 邊)를 뜻해요. 그런데 수학에서 **변**은 도형의 가장자리에 있는 선분을 가리키지요. 두 개의 변이 만나는 부분에는 점이 생기는데, 이것을 '꼭짓점'이라고 해요.

각
角(뿔 각)

뿔(뿔 각, 角)처럼 생긴 **각**은 한 점에서 나온 두 개의 반직선으로 만들어진 도형이에요. 각이 벌어진 정도를 '각도'라고 하는데, 각도에는 '직각', '예각', '둔각'이 있어요.

직선이 곧게(곧을 직, 直) 내려와서 생긴 90도 각은 '직각'이라고 해요.

직각보다 작은 각은 각이 날카로워서(날카로울 예, 銳) '예각'이라고 해요.

직각보다 큰 각은 각이 무뎌서(무딜 둔, 鈍) '둔각'이라고 해요.

다각형
多(많을 다) 角(뿔 각) 形(모양 형)

삼각형, 사각형, 오각형 같은 도형 이름은 많이 들어 보았지요? 이렇게 세 개 이상의 변으로 둘러싸인 도형을 **다각형**이라고 해요. 각도 세 개 이상이지요. 그래서 '많을 다(多)' 자가 붙어요.

삼각형
세 개의 변과 세 개의 각으로 이뤄졌어요.

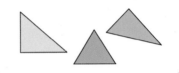

사각형
네 개의 변과 네 개의 각으로 이뤄졌어요.

오각형
다섯 개의 변과 다섯 개의 각으로 이뤄졌어요.

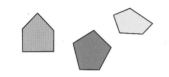

원
圓(둥글 원)

원은 둥근(둥글 원, 圓) 모양이어서, 꼭짓점이나 각이 없어요. 그래서 원은 도형이지만 다각형은 아니에요.

평면 도형 vs 입체 도형
平(평평할 평) 面(낯 면) 圖(그림 도) 形(모양 형) 立(설 립/입) 體(몸 체)

도형은 크게 평면 도형과 입체 도형으로 나눠요. **평면 도형**은 평평한(평평할 평, 平) 면에 그려진 도형으로 점, 직선, 곡선, 다각형과 원 등이 평면 도형이에요. 반면 **입체 도형**은 몸(몸 체, 體)을 세울(설 립/입, 立) 수 있는 도형이에요. 입체 도형은 공 모양의 구 외에 기둥과 뿔 모양으로 나눌 수 있고, 밑면의 모양에 따라 삼각기둥이나 사각기둥, 원뿔, 삼각뿔, 사각뿔 등 이름이 달라져요.

평면 도형

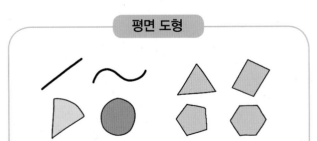

입체 도형

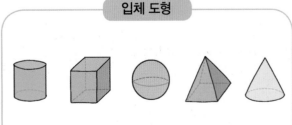

1 아이들 설명을 읽고, 초성을 이용해 빈칸에 알맞은 낱말을 써 주세요.

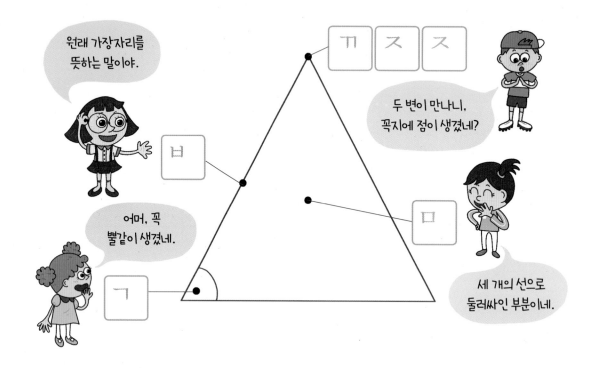

2 다음 중 다각형에 속하지 않는 것은 무엇일까요? (   )

① 원   ② 오각형   ③ 팔각형   ④ 십이각형

3 다양한 도형을 평면 도형과 입체 도형으로 나눠 담으려고 해요. 각 상자에서 잘못 담긴 한 가지를 찾아 ○ 하세요.

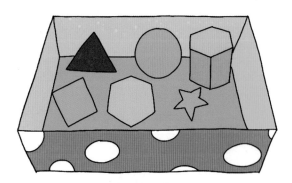

평면 도형

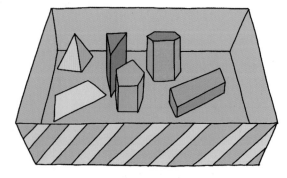

입체 도형

우리 주변에는 다양한 입체 도형이 있어요.
그중 우리말 이름과 영어 이름이 같은 입체 도형을 알아봅시다.

cube

cube는 '정육면체'라는 뜻이에요. 정육면체는 정사각형 여섯 개로 이루어진 입체 도형이지요. 또 깍두기처럼 네모 썰기를 한 것을 가리키기도 해요. 그런데 큐브(cube)는 장난감의 이름이기도 해요. 장난감 큐브는 여러 개의 정육면체가 모여 하나의 커다란 정육면체가 된 것으로, 한 면을 같은 색이나 그림으로 맞추는 입체 퍼즐이에요.

prism

prism은 각이 있는 '각기둥'을 뜻해요. 그런데 여러분이 과학 시간에 쓰는 실험 도구에도 프리즘(prism)이 있어요. 유리나 수정으로 만들어진 프리즘은 빛을 비추면 빛이 무지개색으로 퍼져 나가요. 프리즘은 각기둥과 모양이 비슷해요.

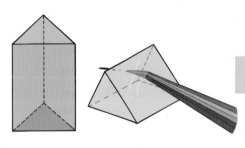

3주 5일
학습 끝!

붙임 딱지 붙여요.

pyramid

pyramid는 '각뿔, 사각뿔'을 뜻해요. 사각뿔은 밑면이 사각형이고, 옆면은 삼각형인 입체 도형이지요. 그런데 pyramid는 돌이나 벽돌을 쌓아 만든 사각뿔 모양의 건축물인 피라미드의 이름이기도 해요.

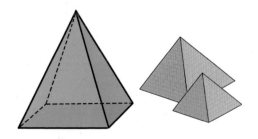

cone

cone은 '원뿔, 원뿔 모양의 물체'를 가리켜요. 원뿔은 밑면은 원이고, 옆은 곡면인 입체 도형이지요. 그런데 cone은 아이스크림을 담는 원뿔 모양의 콘과 이름이 같아요. 또 콘에 담긴 아이스크림을 뜻하기도 해요.

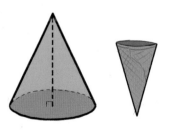

QR 찍고 발음 듣기

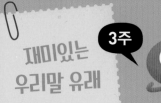

3주 남에게 얻은 교훈 '타산지석'

타산지석(다를 타 他, 산 산 山, 갈 지 之, 돌 석 石):
다른 사람의 본이 되지 않는 말과 행동도 나에게 도움이 될 수 있다는 뜻의 고사성어예요.

contents

토잉이와 함께
끝까지 해 보자고!

PART 3

PART 3에서는 소리나 뜻이 비슷해서
헷갈리기 쉬운 낱말들을 비교하며 배워요.

리(利)와 리(理) 비교하기

이해 利害

이해 理解
understanding

사리사욕
私利私慾

사리 분별
事理 分別

利
이로울 리/이
beneficial

리

理
다스릴 리/이
reason

금리 金利

이발 理髮
haircut

이자 利子

논리 論理
logic

폭리 暴利

합리 合理

1 엄마와 은행에 가려고 해요. 밑줄 친 낱말에 '이익'이나 '이롭다'는 뜻이 담겨 있는 팻말을 따라 은행에 가 보세요.

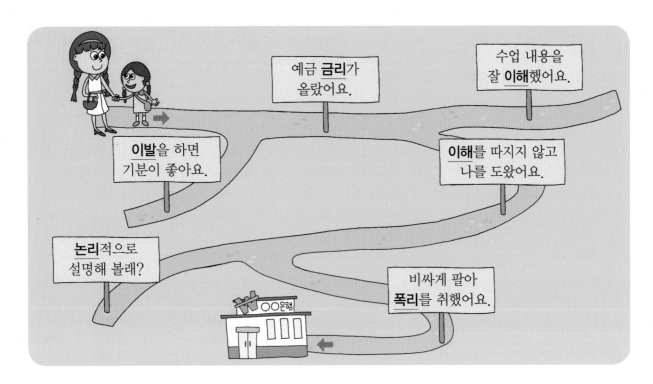

2 아이들이 하는 말을 읽고, 밑줄 친 낱말의 뜻을 찾아 선으로 이으세요.

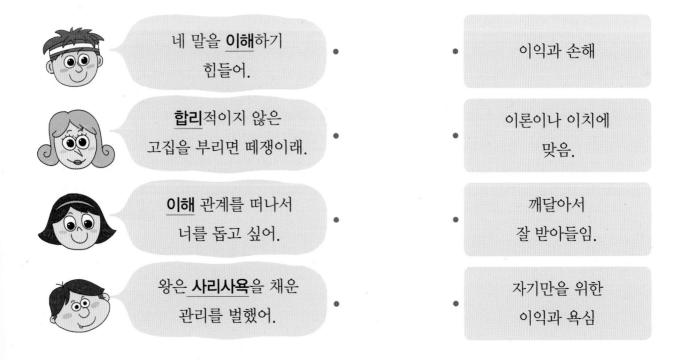

113

이해 vs 이해
利(이로울 리/이) 害(해칠 해)
理(다스릴 리/이) 解(풀 해)

이해는 얼마나 이익이 되고(이로울 리/이, 利) 얼마나 손해가 되는지(해칠 해, 害)를 따진다는 뜻이에요. 반면 똑같이 '이해'라고 소리 나는 낱말 중에는 '이치(다스릴 리/이, 理)를 풀어서 깨달았다(풀 해, 解)'는 뜻의 이해도 있어요. 선생님이 '이해했나요?'라고 물을 때 쓰여요.

사리사욕 vs 사리 분별
私(사사로울 사) 利(이로울 리/이)
慾(욕심 욕) 事(일 사) 理(다스릴 리/이)
分(나눌 분) 別(다를 별)

사리사욕은 자신(사사로울 사, 私)의 이익(이로울 리/이, 利)과 욕심(욕심 욕, 慾)이라는 뜻이에요. 남을 생각하지 않고 자기 욕심만 부릴 때 '사리사욕만 챙긴다.'라고 하지요. 반면 사리 분별은 일(일 사, 事)의 이치(다스릴 리/이, 理)를 잘 판단한다는 뜻이에요. '사리에 밝다.', '사리에 맞다.'라는 표현 등을 써요.

금리/이자
金(쇠 금) 利(이로울 리/이) 子(아들 자)

'쇠 금(金)' 자에는 '돈'이라는 뜻이 있어요. 그래서 금리는 돈을 빌려 줄 때 받는 이익(이로울 리/이, 利)을 뜻하지요. 그 이익을 '이자'라고 하는데, 이자는 빌린 돈이나 맡긴 돈의 대가로 원래 돈에 얼마를 붙여 주는 거예요.

폭리
暴(사나울 폭/포) 利(이로울 리/이)

폭리는 옳지 못한 방법을 써서 지나치게 이익을 많이 남기는 것이에요. '사나울 폭/포(暴)' 자에는 '지나치게 많이'라는 뜻이 있거든요. '폭리를 취하다.', '폭리를 얻다.'와 같이 쓰지요. 폭리의 상대어는 '엷을 박(薄)' 자를 붙인 '박리'예요.

이발
理(다스릴 리/이) 髮(터럭 발)

이발은 머리털(터럭 발, 髮)을 깎아 다듬는 일이에요. 머리털을 깎거나 수염을 다듬으려고 가는 곳은 '곳'이라는 뜻을 가진 '소(所)' 자를 붙여 '이발소'라고 해요.

논리/합리
論(논할 론/논) 理(다스릴 리/이)
合(합할 합)

논리는 말할 때나 글을 쓸 때 이치에 맞게 이끌어 가는 것이에요. '그는 논리적이다.'라고 하면 그의 생각이 이치에 맞다는 것이지요. 또한 합리는 이치에 맞아 여럿이 동의할 수 있다는 뜻이에요. '합리적인 결정', '합리적인 가격'과 같이 써요.

은행이 하는 일

은행은 돈을 빌려 주거나 보관하는 일을 해요. 그 과정에서 금리를 정하고 이자를 주고받지요. 그런데 은행이 하는 일은 이것 말고도 아주 많아요. 은행은 어떤 일을 하는지 한번 알아볼까요?

〈은행 업무〉

예금
은행은 '예금'을 통해 돈을 맡아 주고, 그 돈을 투자해서 얻은 이익을 이자로 돌려줘요.

송금
은행은 다른 곳에 돈을 보내는(보낼 송, 送) '송금'을 해요.

입·출금
은행은 돈을 넣는(들 입, 入) '입금'과 돈을 찾는(날 출, 出) '출금'을 해요.

대출
은행은 돈이 필요한 사람에게 돈을 꿔 주는 '대출'을 해 주고, 그에 따른 이자를 받아요.

환전
은행은 우리나라 돈과 미국 돈 등 종류가 다른 돈(돈 전, 錢)끼리 가치에 맞게 맞바꾸는(바꿀 환, 換) '환전'을 해 줘요.

공과금 납부
은행은 세금이나 전기료, 전화료 등 국가나 공공 단체에 내는 공과금을 받아요.

115

1 한자 카드를 참고해서, 밑줄 친 낱말에 어울리는 한자 붙임 딱지를 붙여 보세요.

理 다스릴 리/이

利 이로울 리/이

2 속뜻 짐작 ( ) 안에 있는 힌트를 읽고, 빈칸에 들어갈 낱말을 보기 에서 찾아 써 주세요.

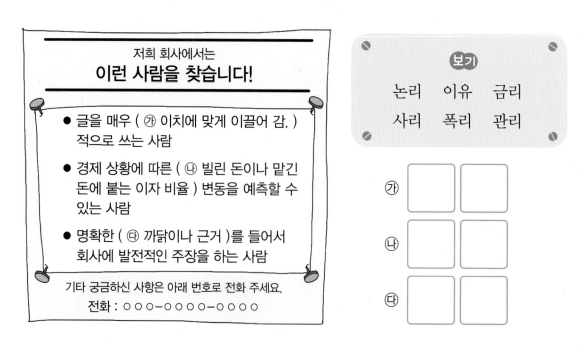

저희 회사에서는
이런 사람을 찾습니다!

● 글을 매우 (㉮ 이치에 맞게 이끌어 감.) 적으로 쓰는 사람

● 경제 상황에 따른 (㉯ 빌린 돈이나 맡긴 돈에 붙는 이자 비율) 변동을 예측할 수 있는 사람

● 명확한 (㉰ 까닭이나 근거)를 들어서 회사에 발전적인 주장을 하는 사람

기타 궁금하신 사항은 아래 번호로 전화 주세요.
전화 : ○○○-○○○○-○○○○

보기

논리   이유   금리
사리   폭리   관리

㉮
㉯
㉰

요즘에는 직접 은행에 가지 않고도 은행 일을 볼 수 있어요.
집에서 은행 거래를 할 수 있는 새로운 방법을 알아보아요.

폰뱅킹

전화로 하는 은행 거래 서비스예요. 전화를 걸고, 전화기에서 흘러나오는 자동 응답 시스템의 안내에 따라 전화기 버튼을 누르면 되지요. 남아 있는 돈이 얼마인지 확인할 수 있고, 송금이나 공과금도 낼 수 있어요.

비밀번호를 눌러 주세요~

4주 I일
학습 끝!

붙임 딱지 붙여요.

인터넷 뱅킹

인터넷으로 은행 일을 보는 거예요. 폰뱅킹보다 더 다양한 일을 할 수 있고, 화면으로 직접 확인할 수 있어 편리하지요. 인터넷 뱅킹은 세계 어디에서나 연결해서 이용할 수 있어요.

모바일 뱅킹

모바일 뱅킹은 인터넷이 되는 스마트폰 같은 이동 통신 기기로 은행 일을 보는 거예요. 이동 통신 기기는 어디든 가지고 다닐 수 있어서 인터넷이 되는 어디에서나 은행 일을 볼 수 있어요.

도(圖)와 도(島) 비교하기

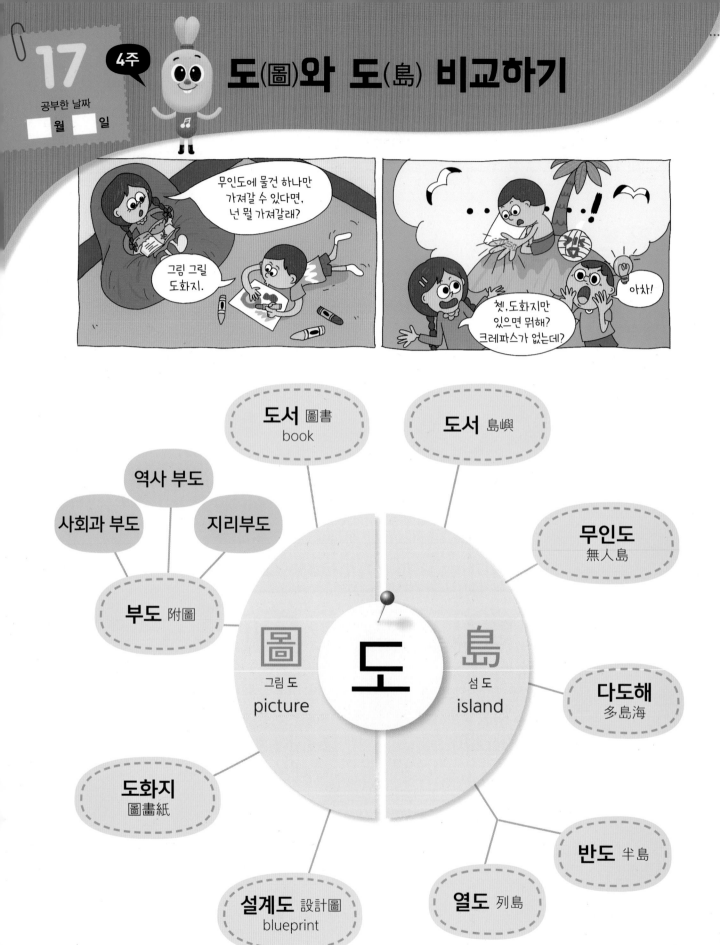

1 밑줄 친 낱말에 있는 '도' 자가 책이나 그림과 관련이 있으면 책 붙임 딱지를 붙이고, 섬과 관련이 있으면 섬 붙임 딱지를 붙이세요.

로봇 **설계도**를 잃어버렸어요.
붙이는 곳

도서 전시회에 가면 책이 다양해요.
붙이는 곳

도서 산간 지역은 배송이 어려워요.
붙이는 곳

바다를 떠다니다가 **무인도**를 발견했어요.
붙이는 곳

다도해에는 섬들이 모여 있어요.
붙이는 곳

도화지에 그림을 그렸어요.
붙이는 곳

2 다음은 어떤 낱말에 대한 설명이에요. 설명과 관련이 있는 것을 모두 찾아 노란색으로 칠하세요.

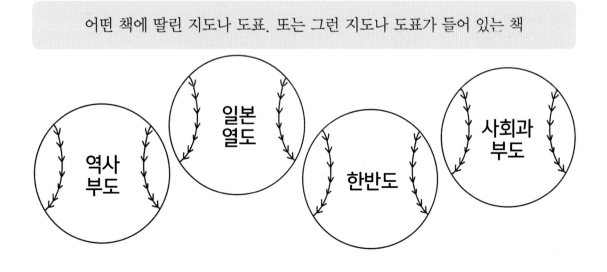

어떤 책에 딸린 지도나 도표. 또는 그런 지도나 도표가 들어 있는 책

역사 부도

일본 열도

한반도

사회과 부도

도서 vs 도서
圖(그림 도) 書(글 서)
島(섬 도) 嶼(섬 서)

'도서'라고 하면 아마 책을 모아 놓은 도서관이 떠오를 거예요. 도서관에 들어 있는 **도서**는 책을 뜻해요. 이것과 소리는 같지만 뜻이 다른 낱말이 있어요. 바로 '섬 도(島)' 자와 '섬 서(嶼)' 자를 합친 **도서**예요. 이 낱말은 크고 작은 온갖 섬을 뜻해요.

부도
附(붙을 부) 圖(그림 도)

부도는 어떤 책에 딸린(붙을 부, 附) 지도나 도표, 그림 또는 이런 것을 모아 놓은 책이에요. '사회과 부도'는 사회 과목에 관련된 지도나 도표가 실린 책이고, '역사 부도'는 역사, '지리부도'는 지리에 관련된 부도예요.

도화지
圖(그림 도) 畵(그림 화) 紙(종이 지)

그림을 그릴 때 도화지를 자주 쓰지요? **도화지**는 그림을 그리는 데 쓰는 종이(종이 지, 紙)예요. 여러분이 사용하는 스케치북은 도화지 여러 장을 한데 묶어 놓은 거예요.

설계도
設(베풀 설) 計(셀 계) 圖(그림 도)

건물이나 물건을 만들려면 설계도가 필요해요. **설계도**는 건물의 구조와 모양, 크기 등을 미리 계산해(셀 계, 計) 그려 놓은 그림이지요.

무인도
無(없을 무) 人(사람 인) 島(섬 도)

동화책에서 무인도 이야기를 읽은 적이 있나요? **무인도**는 사람(사람 인, 人)이 살지 않는(없을 무, 無) 섬(섬 도, 島)이에요. 우리나라에는 4천여 개의 무인도가 있다고 해요.

다도해
多(많을 다) 島(섬 도) 海(바다 해)

다도해는 섬(섬 도, 島)이 많은(많을 다, 多) 바다(바다 해, 海)예요. 우리나라는 남해안 쪽에 수많은 섬들이 있는데, 이곳을 '다도해'라고 부르지요. 그 부근에는 아름다운 '다도해 해상 국립 공원'이 있어요.

반도/열도
半(절반 반) 島(섬 도) 列(벌일 렬/열)

'한반도'에서 '반도'는 어떤 뜻일까요? **반도**는 반(절반 반, 半)이 섬(섬 도, 島)인 땅이에요. 육지에서 바다 쪽으로 튀어나와 있어서, 삼면이 바다이고 한 면만 육지와 이어져 있지요. 반면 섬이 여러 개 길게 늘어서(벌일 렬/열, 列) 있는 것은 **열도**라고 해요. 그래서 일본을 '일본 열도'라 부르기도 해요.

일본 열도

섬과 관련이 있는 나라들

섬은 사방이 물에 둘러싸여 있는 땅이에요. 그런데 섬은 어떻게 생겨났을까요? 섬이 생겨난 원인은 여러 가지예요. 어떤 섬은 육지에서 떨어져 나와 생겼고, 어떤 섬은 육지와 이어진 땅이 물에 잠겨 생겼어요. 또 어떤 섬은 바다 밑 화산이 폭발하거나 산호초가 바다 위로 솟아나 생겨났지요. 이 섬들은 대부분 육지에 있는 한 나라에 속해 있답니다. 그런데 섬들끼리 모여 나라를 세운 경우도 있어요. 세계의 대표적인 섬나라와 섬 지역들을 알아볼까요?

〈세계의 섬나라와 섬 지역 〉

일본
일본은 우리나라 동쪽에 있는 나라로, 섬들이 1열로 길게 늘어선 '열도'예요. 일본 열도에는 활 모양으로 늘어선 홋카이도, 혼슈, 시코쿠 따위의 큰 섬과 여러 작은 섬 들이 있어요.

인도네시아
우리나라보다 남쪽에 있는 인도네시아는 보르네오섬과 수마트라섬, 자와섬, 소순다 열도와 만 개가 넘는 크고 작은 섬들로 이루어졌어요.

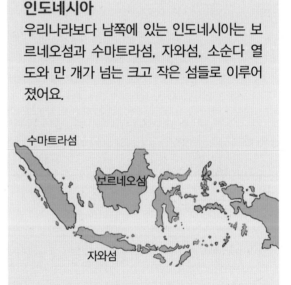

하와이주 하와이주는 하와이 제도로 이루어진 미국의 50번째 주예요. 제도란 여러 개의(모두 제, 諸) 섬(섬 도, 島)이라는 뜻이에요. 태평양 가운데에 있는 하와이 제도에는 오아후, 하와이, 마우이 등 122개 섬이 있지요. 이 섬들은 대부분 화산이 폭발해 만들어졌어요.

1 아이가 말하는 것들을 통틀어 이르는 말을 찾아 ○ 하세요.

열도, 제도, 다도해, 무인도

도서(島嶼)　　도서(圖書)

2 속뜻짐작 밑줄 친 낱말과 관련이 있는 것을 찾아 선으로 이으세요.

사회과 **부도**에는 지도와 도표가 무척 많아요. •

• 섬 •

• 하와이 **제도**는 화산이 폭발해서 생겼어요.

그 섬은 **무인도**라서 집이 없어요. •

• 그림 •

• 설계도를 그리려고 **도화지**와 **제도** 연필을 샀어요.

3 속뜻짐작 (　　)에서 설명하는 낱말을 보기 에서 찾아 빈칸에 써 주세요.

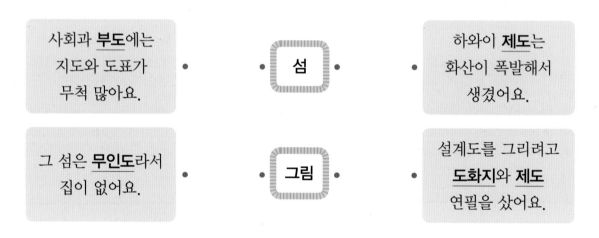

제주도는 돌, 바람, 여자가 많아서 (**세 가지가 많은 섬**)라고도 불러요.

□□□

그 발명으로 세계 과학계의 (**어떤 세력이 미치는 영역이나 범위**)가 달라졌어.

□□

형편이 바뀔 때 '판이 바뀐다.'라고 하지.

보기　삼다도　군도　판도　반도

그림은 지식이나 정보를 쉽고 재미있게 표현하는 방법으로도 사용되고 있어요.
그림을 사용하는 새로운 방법을 알아볼까요?

인포그래픽

인포그래픽은 정보를 뜻하는 영어인 information과 그림이나 도형을 뜻하는 graphics를 합친 말로, 정보와 지식을 그림이나 도표를 이용해 한눈에 볼 수 있게 나타낸 것이에요. 복잡한 정보와 지식을 쉽고 빠르게 전달하기 위해 사용되지요. 우리가 주변에서 볼 수 있는 안내판, 일기 예보의 날씨 지도, 교통 지도나 도로 표지판 등은 모두 인포그래픽을 사용한 것이에요.

4주 2일
학습 끝!

붙임 딱지 붙여요.

이모티콘

이모티콘은 감정을 뜻하는 영어 emotion과 기호나 그림 문자를 뜻하는 icon을 합친 말로, 컴퓨터나 휴대 전화의 문자와 기호, 숫자 등을 활용해 만든 그림 문자예요. 고유어로는 '그림말'이라고 하지요.

큐알 코드

큐알 코드는 '빠르게 대답한다'라는 뜻의 Quick Response를 줄인 'QR'에 표시나 부호를 뜻하는 code를 합친 말이에요. 큐알 코드는 바코드와 비슷하지만, 더 다양한 정보가 담겨 있어요.

~데

그 동네는 하나도 안 변했데.
어제 다녀온 곳 참 아름답데?

~데는 말하는 사람이 직접 본 것이나 경험한 일을 다른 사람에게 알려 줄 때 써요. '어제 만난 그 아이는 말을 아주 잘하데.', '오랜만에 봤는데 하나도 변하지 않았데.'처럼 사용할 수 있지요. '~데'와 비슷한말로는 '~더라'가 있는데, '너희 오빠 그림 잘 그리더라.'처럼 말해요. 이 외에 '~데'는 '여행 가 보니 좋데?', '선물 받은 것은 마음에 들데?'처럼 경험을 물을 때 쓰기도 해요.

~대

친구랑 함께 온대.
배에서 바라보는 다도해 풍경이 아름답대.

~대는 남이 말한 내용을 다른 사람에게 전할 때 써요. '아빠는 이따가 온대.', '오늘 비가 온대.'처럼 다른 사람이 말한 걸 다시 말하거나, 텔레비전이나 신문, 책에서 본 내용을 다른 사람에게 전할 때 쓰지요. '~대'는 '~다고 해'가 줄어든 말이거든요. '그곳은 멋지대.'는 '그곳은 멋지다고 해.'로 바꿔 쓸 수 있어요. 한편 다른 사람이 어떻게 말했는지 물을 때에도 '친구랑 같이 온대?'처럼 쓸 수 있어요.

1 밑줄 친 곳에서 틀린 글자 두 개를 찾아 X 하세요.

2 그림을 보고, 둘 중에 알맞은 글자를 골라서 따라 써 보세요.

저 배우 실제로 봤는데, 참 예쁘 [데] [대] .

내 친구가 이 영화 진짜 재미있 [데] [대] .

아빠가 뭐래? 거기도 날씨가 춥 [데] [대] ?

너머

창문 **너머** 감나무에 감이 열렸어.
옛날에는 고개 **너머** 학교까지 걸어갔단다.

너머는 벽이나 산 같은 장애물 건너편을 가리켜요. '창문 너머'라고 하면 창문 건너편을 가리키고, '고개 너머'라고 하면 고개 건너편을 가리키지요. '산 너머 남촌에는'이라고 하면 산 건너편에 있는 남쪽 마을을 말해요. '넘어'와 헷갈린다면 '건너편'이나 '저쪽'으로 바꿔 보세요. 만일 '건너편'이나 '저쪽'으로 바꿔도 이상하지 않다면, 그건 '너머'를 써야 해요. '산 너머 마을'이 '산 건너편 마을'이나 '산 저쪽 마을'로 바뀌어도 되는 것처럼요.

넘어

창문 **넘어** 들어와라.
밤 12시가 **넘어** 도착했어.

넘어는 '넘다'라는 움직임을 나타내는 말에서 왔어요. 그래서 '넘다'처럼 무언가를 넘어가는 모습을 나타낼 때뿐 아니라, 물이 넘치거나 시간이 지났다는 뜻으로 쓰여요. '산을 넘어 간다.', '12시 넘어 밥을 먹는다.'처럼요. 또한 '천 명이 넘다.', '만원이 넘다.', '어른 키를 훌쩍 넘다.'처럼 기준이 될 만한 인원이나 액수, 길이보다 많을 때도 써요. '고비를 넘다.'처럼 어려운 상황을 견딜 때도 쓰지요.

1 다람쥐가 밤을 찾으러 길을 나섰어요. 밑줄 친 낱말이 바르게 쓰인 나뭇잎만 따라 가면 밤을 찾을 수 있어요. 어느 길로 가야 할까요?

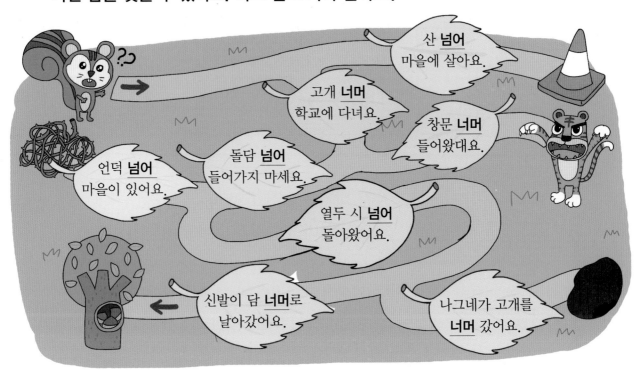

2 '너머'와 '넘어' 중 빈칸에 알맞은 말을 골라 써 보세요.

① 공이 돌담 ☐☐로 들어갔어요.　② 창문을 ☐☐ 들어갔어요.

③ 산 ☐☐ 마을이 물에 잠겼어요.　④ 12시 ☐☐ 신문을 배달해요.

아기

우는 **아기**를 달래고 있어.
애기가 아니라 **아기**라고 써야 해.

아기라는 말은 주로 젖을 먹는 어린아이를 가리켜요. 아기 대신 '애기'라고 쓰는 사람들이 있는데, '애기'는 우리 표준어가 아니라 북한에서 사용하는 말이에요. '아기'라는 말은 가끔 어른을 부를 때도 써요. 할아버지, 할머니가 나이가 많지 않은 딸이나 며느리를 정답게 부를 때 '아기야'라고 부르거든요. 며느리를 '며늘아기'라고 특별하게 부르기도 하고요. '아기'는 사람뿐 아니라 '아기 곰'처럼 동물의 새끼나 어린 식물을 귀엽게 이를 때에도 써요.

얘기

얘기는 '이야기'의 준말이야.
친구에게 내 **얘기**를 털어놓았어.

얘기는 '이야기'를 줄인 말이에요. '얘기를 나누다.', '무서운 얘기를 듣다.', '이상한 얘기가 돌고 있다.'처럼 쓰지요. 얘기의 기본형인 '이야기'는 어떤 일에 대해 줄거리를 가지고 하는 말이나 글을 뜻하기도 하고, 없는 일을 사실처럼 꾸며 재미있게 하는 말이나 소문을 뜻하기도 해요. 그래서 '이상한 얘기가 돌고 있다.'라고 할 때에는 이상한 말이나 소문이 돈다는 의미예요.

128

1 그림을 보고 '아기'와 '얘기' 중에서 알맞은 말을 골라 써 주세요.

① [ ][ ] 곰들이 놀고 있어요.

② 옛날 [ ][ ] 를 들으며 자요.

③ [ ][ ] 를 듣고 크게 웃어요.

④ [ ][ ] 에게 우유를 먹여요.

4주 3일
학습 끝!

붙임 딱지 붙여요.

2 ( )에서 알맞은 낱말을 골라 ○ 하세요.

① 무서운 (아기 / 얘기)를 듣고 울었어요.

② 엄마가 (얘기 / 아기)를 안고 달랬어요.

③ 사람들에게 퍼진 (아기 / 얘기)는 거짓이었어요.

 특

> 어린 사람을 '어린이' 또는 '아기'라고 구별해서 부르는 것처럼, 어린 짐승도 강아지, 송아지, 망아지, 병아리처럼 구별해서 다르게 불러요. '~아지' 또는 '~아리'는 작은 것을 뜻하지요. 하지만 짐승의 새끼를 가리키는 말 중에는 '아리'나 '아지'가 붙지 않는 것도 많아요. 호랑이 새끼는 '개호주', 곰 새끼는 '능소니', 꿩 새끼는 '꺼병이'라고 하지요. 그리고 '고도리'는 고등어 새끼, '노가리'는 명태 새끼, '발강이'는 잉어 새끼, '굼벵이'는 매미의 애벌레를 뜻해요.

헷갈리는 말 살피기

잃다

어제 지갑을 잃고 깜짝 놀랐어.
너무 무서워서 용기를 잃었어.

'잃다'는 가지고 있던 것이 없어진 거예요. '지갑을 잃다.', '책을 잃다.'처럼 주로 물건이 없어졌을 때 쓰지요. 이 때에는 '분실하다'로 바꿔 쓸 수 있어요. '분실물'에 쓰이는 '분실'은 자신도 모르게 물건을 잃는(잃을 실, 失) 거예요. 이 외에도 '잃다'는 '용기를 잃다.', '입맛을 잃다.'처럼 사람의 마음이나 상태를 표현할 때, 그리고 '길을 잃다.'처럼 길을 못 찾을 때에도 써요.

잊다

어제 본 영화 제목을 잊었어.
엄마 생일을 깜빡 잊고 선물을 못 샀어.

'잊다'는 기억하지 못하는 거예요. '책 제목을 잊다.', '약속을 깜빡 잊다.'처럼 쓰지요. 이 뜻으로 쓰일 때에는 한자어인 '망각(잊을 망 忘, 물리칠 각 却)하다'로 바꿔 쓸 수 있어요. '잊다'는 '나이를 잊다.'나 '고통을 잊다.'처럼 마음에 담아 두거나 신경 쓰지 않는다는 뜻으로 쓰이기도 해요. 또 '은혜를 잊다.'라고 하면 은혜를 저버렸다는 뜻이고, '잠을 잊다.'처럼 그런 행동을 하지 않는다는 뜻으로 쓰이기도 해요. 그럼 우리 배운 걸 잊기 전에 문제를 풀어 볼까요?

1 빈칸에 들어갈 말이 '잃다'이면 ○, '잊다'이면 △ 해 주세요.

공부한 것을 ☐　　지갑을 ☐　　입맛을 ☐　　바빠서 잠을 ☐

2 밑줄 친 말이 뜻하는 것을 선으로 이어 주세요

약속을 **잊고** 잠이 들었어요. •

• 가졌던 것이 없어지거나 관계가 끊어지다.

나라를 **잃고** 눈물을 흘렸어요. •

• 기억을 하지 못하거나 신경 쓰지 않는다.

3 다음 문장을 읽고, 둘 중에 알맞은 글자를 골라 따라 써 보세요.

① 한 번의 실수로 기회를 ☐잇 ☐잃 었어.

② 나이를 ☐잇 ☐잃 고 신나게 춤을 추었어요.

③ 어제 배운 영어 단어를 벌써 ☐잇 ☐잃 었어.

④ 힘들어도 용기를 ☐잇 ☐잃 지 않았어요.

두껍다

> 누나가 보는 책은 **두꺼워**.
> 아빠 안경알은 너무 **두꺼워**.

두껍다는 어떤 물건의 두께가 보통보다 큰 거예요. '두꺼운 책', '두꺼운 이불', '두꺼운 옷'처럼 쓰지요. 그리고 '고객층이 두껍다.'처럼 그런 사람이 많다는 뜻을 나타낼 때도 써요. 간혹 '짙다'라는 뜻으로도 쓰이는데, '안개가 두껍게 깔리다.'라는 말은 '안개가 짙다.'라는 뜻이고, '그늘이 두껍다.'라고 하면 '그늘이 짙게 깔리다.'라는 말이에요. '두껍다'에 상대되는 말은 '얇다'예요.

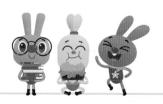

두텁다

> 아빠는 회사에 대한 믿음이 **두터워**.
> 사람들은 두 아이의 **두터운** 우정을 부러워했어.

두텁다는 눈에 보이지 않는 믿음이나 사랑, 우정, 관계 등이 단단하고 깊다는 뜻이에요. '두터운 믿음'이라고 하면 믿음이 단단한 것이고, '두터운 우정'이라고 하면 우정이 깊은 것이에요. '친분이 두텁다.'라고 하면 매우 가깝다는 뜻이고요. '두텁다'는 '깊다'나 '돈독하다'라는 말과 바꿔 쓸 수 있어서, '깊은 우정', '돈독한 우정'처럼 말해도 같은 뜻이 돼요. 그 외에 비슷한말로 '도탑다'가 있는데, 서로 사랑이 많고 깊다는 뜻이에요.

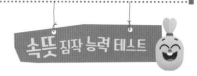

1 밑줄 친 곳에서 틀린 글자 두 개를 찾아 X 하세요.

2 (   )에서 알맞은 것을 골라 ○ 하세요.

① (두꺼운 / 두터운) 종이로 상자를 만들었어요.

② 엄마는 아빠에 대한 믿음이 (두꺼워요 / 두터워요).

③ 아버지는 아들의 잘못을 (두꺼운 / 두터운) 사랑으로 감싸 주었어요.

작다

나는 형보다 키가 **작아**.
소리가 **작아서** 잘 들리지 않아.

작다는 주로 길이나 넓이 등 눈으로 확인할 수 있는 것이 다른 것보다 덜할 때 써요. 보통 '키가 작다.', '덩치가 작다.'처럼 쓰지요. '크다'와 상대되는 말이에요. 하지만 때로는 '작은 소리', '작은 사건'처럼 눈으로 확인할 수 없는 소리나 규모, 그리고 중요한 정도를 나타낼 때에도 써요. 또 '작은 사람'처럼 생각이 좁고 보잘것없는 사람을 표현할 때도 쓴답니다.

적다

사원들이 월급이 **적다**고 불평하고 있어.
환경에 대한 관심이 너무 **적어요**.

적다는 수나 무게, 부피 등이 기준에 미치지 못할 때 써요. '많다'와 상대되는 말로, '적게 먹다.', '관심이 적다.'처럼 쓰지요. '적다'는 '작다'와 비슷해서 헷갈릴 때가 많아요. 하지만 속뜻을 들여다보면 완전히 달라요. 예를 들어 '꽃이 적다.'라고 하면 꽃이 몇 송이 없다는 뜻이에요. 하지만 '꽃이 작다.'라고 하면 꽃의 크기가 작다는 뜻이지요. 또 '돈이 적다.'고 하면 액수가 적다는 뜻이고, '돈이 작다.'라고 하면 화폐의 크기가 작다는 뜻이랍니다.

1 그림을 보고 (   )에서 알맞은 낱말을 골라 ○ 하세요.

① 생일을 맞아 (**작은** / **적은**) 잔치를 열었어요.

② 올해는 친구들을 (**적게** / **작게**) 초대했어요.

③ 고깔모자가 사람 수보다 (**적어서** / **작아서**) 아이들만 고깔모자를 썼어요.

④ 나는 (**작은** / **적은**) 선물 상자를 먼저 뜯어보았어요.

4주 4일
학습 끝!

붙임 딱지 붙여요.

2 밑줄 친 부분이 바르게 쓰인 칸만 지나가면 친구를 만날 수 있어요. 친구에게 도착하는 길을 선으로 이어 주세요.

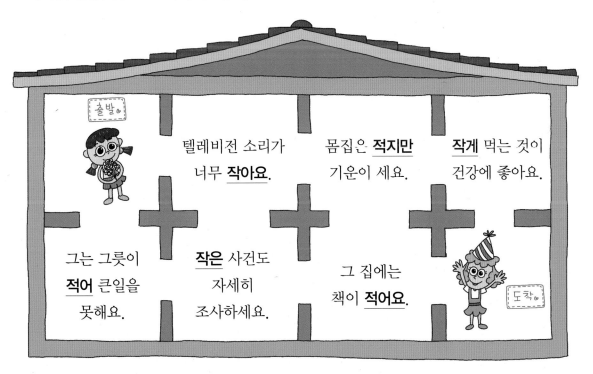

앞뒤에 붙는 말 알아보기

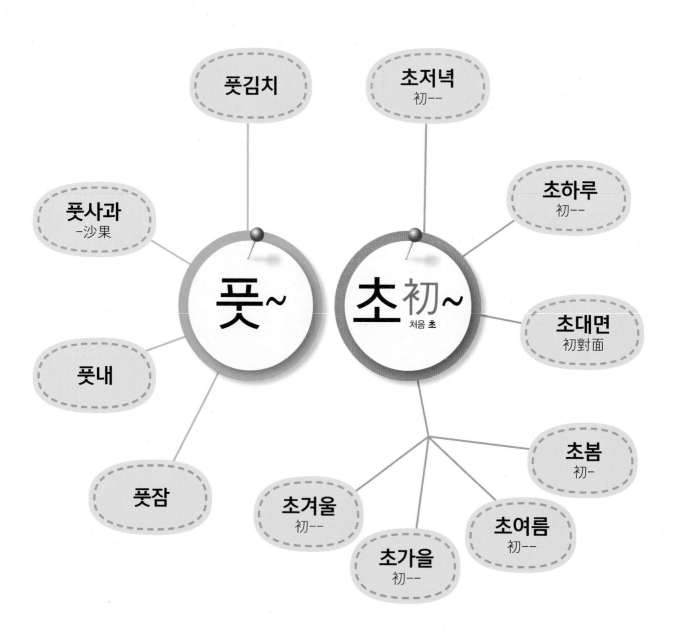

1 아이가 도깨비들을 만나러 가려고 해요. 빈칸에 어울리는 낱말을 골라 줄을 그어
주세요.

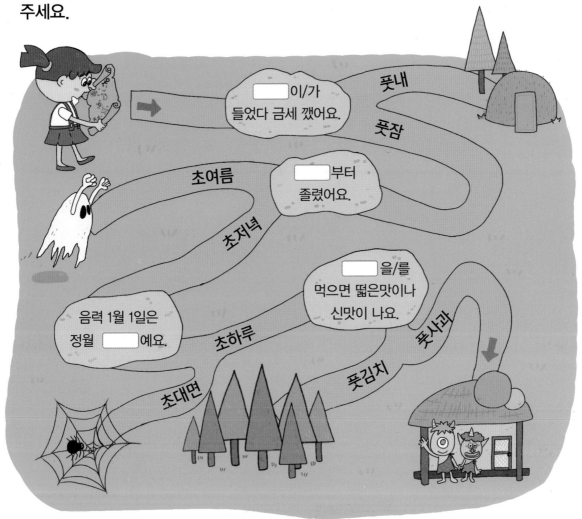

2 ( )에 있는 힌트를 참고하여, '풋'과 '초' 중에서 알맞은 글자를 써 주세요.

(어린 배추로 담근) ☐ 김치

(이른) ☐ 여름

(덜 익은) ☐ 사과

(이른) ☐ 봄

풋김치
풋+김치

'풋~'은 낱말 앞에 붙어서 처음 나온 것을 나타내요. **풋김치**는 봄이나 가을에 새로 나온 열무나 어린 배추로 담근 김치로, 김치가 덜 익어서 채소 느낌이 그대로 살아 있는 김치예요.

풋사과
풋+沙(모래 사) 果(과실 과)

'풋~'은 처음 나온 것을 나타내기도 하지만, 덜 익은 것을 뜻하기도 해요. 덜 익은 사과는 **풋사과**라고 하고, 덜 익은 과일은 '풋과일', 덜 익은 고추는 '풋고추', 덜 익은 곡식은 '풋곡식', 덜 익은 콩은 '풋콩'이라고 해요.

풋내
풋+내

혹시 '풋내가 난다.'는 말을 들어 본 적이 있나요? **풋내**는 처음 나온 풋나물이나 채소, 혹은 그걸로 만든 음식에서 나는 냄새예요. 가끔 경험이 적어서 어설프게 행동할 때 '풋내가 난다.'라고 말하기도 해요.

풋잠
풋+잠

막 잠이 들기 시작해서 아직 완전히 잠에 빠지지 않은 상태가 있지요? 혹은 잠깐 쉬다가 얕게 잠이 들 때도 있고요. 이렇게 잠든 지 얼마 안 된 얕은 잠을 **풋잠**이라고 해요.

초저녁
初(처음 초)+저녁

'처음 초(初)' 자는 낱말 앞에 붙어서 처음이나 초기를 나타내요. **초저녁**은 이른 저녁 시간으로, 날이 어두워진 지 얼마 안 되었을 때를 가리켜요.

초하루
初(저음 조)+하루

설날은 음력 1월 1일이에요. 이날은 '정월 초하루'라고 하는데, '정월'은 음력으로 한 해의 첫 달을 가리키고, 초하루는 '매달 첫째 날'을 가리켜요. **초하루**의 '초'는 초저녁과 마찬가지로 '처음'을 뜻해요.

초대면
初(처음 초)+對(대답할 대) 面(낯 면)

'대면'은 얼굴(낯 면, 面)을 마주 보고 대한다(대답할 대, 對)는 뜻이고, **초대면**은 처음(처음 초, 初) 얼굴을 마주한다는 뜻이에요. '아빠는 초대면부터 엄마가 마음에 들었대요.'처럼 쓰지요.

초봄/초여름
初(처음 초)+봄/여름

초봄은 봄, 여름, 가을, 겨울 중 어디쯤을 가리킬까요? **초봄**은 봄이 막 시작되는 때를 가리켜요. 초봄에서 '초(初)'는 '처음 또는 이른 때'라는 뜻이지요. 이렇게 계절 이름 앞에 '초'를 붙이면 그 계절이 시작되는 때로, **초여름**은 이른 여름, '초가을'은 이른 가을, '초겨울'은 이른 겨울을 뜻해요.

가을에 나는 열매들

가을은 열매를 거두는 계절이에요. 우리가 자주 먹는 사과, 배, 밤, 대추 등은 모두 가을에 나지요. 여름내 햇볕을 받으며 맛이 깊어진 열매들은 초가을이 되면 익기 시작해요. 이때 딴 열매들은 완전히 익지 않아서 떫거나 신맛이 나지요. 그러면 잘 익은 과일과 풋과일은 어떻게 다른지 알아볼까요?

〈잘 익은 열매와 풋과일〉

사과 사과는 모래밭(모래 사, 沙)처럼 물이 잘 빠지는 땅에서 잘 자라 붙여진 이름이에요. 잘 익은 사과는 빨갛고 달지만, 파릇파릇한 풋사과는 매우 떫어서 먹기 힘들어요.

배 배는 고유어예요. 잘 익은 배는 둥글며 껍질은 노랗고 속은 하얘요. 먹어 보면 물이 많고 매우 달지요. 하지만 풋배일 때에는 껍질에 푸르스름한 빛깔이 나고 딱딱해요.

감 감은 고유어예요. 잘 익은 감은 둥글넓적하고 주황색이에요. 겉은 딱딱하고 매끄러운데 먹어 보면 매우 달지요. 하지만 풋감은 연둣빛이고 떫은맛이 많이 나요.

대추 대추 역시 고유어예요. 잘 익은 대추는 길쭉한 공 모양이에요. 껍질은 빨갛고 매끈하며 그대로 먹을 만큼 얇지요. 반면 풋대추는 연두색이고 아무런 맛이 없어요.

'바나나'의 이름은 손가락을 뜻하는 아랍어인 '바난'에서 왔어요. 가지에 달린 바나나 모양이 손 모양과 비슷해서 붙여진 이름이지요. 그리고 '파인애플'의 이름은 솔방울을 뜻하는 영어인 '파인(pine)'과 사과를 뜻하는 '애플(apple)'을 합친 말이에요. 모양은 솔방울과 닮았고 맛은 사과와 비슷해서 붙여진 이름이에요.

1 여러 가지 열매가 있어요. 낱말이 '처음' 또는 '이른 것'과 관련이 있으면 노란색을, '덜 익은 것'과 관련이 있으면 연두색을 칠하세요.

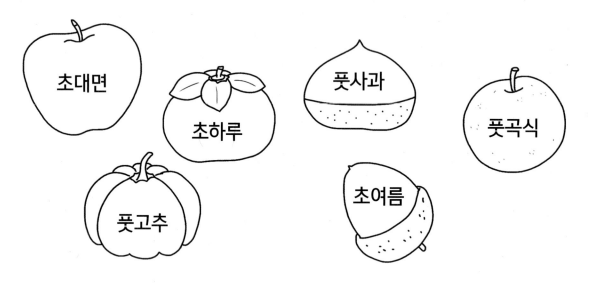

2 속뜻짐작 밑줄 친 낱말이 뜻하는 것을 골라 ○ 하세요.

초저녁부터 계속 자고 있어요.	할머니 생신은 음력으로 5월 **초닷샛날**이에요.	새벽에 겨우 **풋잠**이 들었어요.
저녁 9시 / 저녁 6시	5일 / 15일	깊은 잠 / 얕은 잠

3 속뜻짐작 밑줄 친 낱말에 알맞은 뜻풀이를 선으로 이어 주세요.

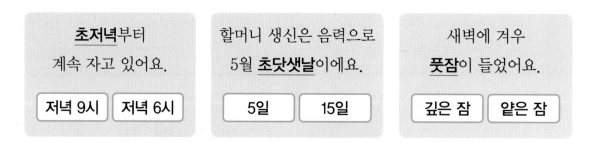

봄철에는 **풋나물**을 많이 무쳐 먹어요. •   • 처음 보는 얼굴

초면인데도 편하게 이야기를 나눴어요. •   • 새로 난 풀에서 나는 냄새

새로 나온 푸성귀에서 **풋내**가 나요. •   • 새로 난 연한 싹으로 만든 나물

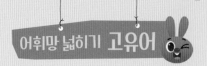

우리 고유어 중에는 '처음'을 나타내는 특별한 말들이 아주 많아요.
어떤 것이 있는지 함께 알아볼까요?

마을 어귀에 자리를 잡지 그랬나?

첫닭이 울 때 나왔는데 이 자리밖에 못 잡았어요.

여기서 첫선을 보이는 노리개여서, 다른 데에선 못 봐요.

어귀 '어귀'는 드나드는 길의 첫머리를 가리켜요. '마을 어귀, 동네 어귀'처럼 쓰지요.

첫닭 '첫닭'은 새벽에 맨 처음 우는 닭이에요.

첫선 '첫선'은 물건을 세상에 처음 내놓는 거예요. '첫선을 보이다.'라고 많이 쓰지요.

4주 5일
학습 끝!

붙임 딱지 붙여요.

마수걸이를 빨리 해야 할 텐데······.

안녕하세요?

드디어 말꼬를 트는군.

찹쌀떡 두 개만 주세요.

마수걸이, 마수손님
'마수걸이'는 맨 처음으로 물건을 파는 일이에요. '점심때가 지나서야 마수걸이를 했어.'처럼 쓰지요. 그리고 마수걸이를 해 주는 첫 손님을 '마수손님'이라고 해요.

네가 마수손님이다. 고맙구나!

말꼬 '말꼬'는 말할 때 처음 입을 여는 일이에요. 비슷한 말로 '물꼬'가 있는데, 물꼬는 논에 물이 들어가게 만든 좁은 통로나 일의 시작을 뜻해요.

4주

구석구석 빈틈없이 '샅샅이'

동물원에서 코끼리가
탈출했다!

○○동물원

멀리는 못 갔을 겁니다.
주변을 샅샅이 둘러보세요.

원장

샅샅이요?

저…… 그런데
'샅샅이'가 뭐죠?

'샅'은 두 다리 사이나
두 물건 사이의 틈을 말해요.

허둥지둥

어서 찾아

끼리야~

샅샅이: '틈이 있는 곳마다 빈틈없이 모조리'라는 뜻의 고유어예요.

그래서 '샅샅이'는 조금이라도 틈이 있는 모든 곳을 가리키는 말이죠.

두리번 두리번

'구석구석'이라는 말과 같은 뜻이에요.

어서 찾죠

아

두 물건 사이나 두 다리 사이라……

끼리야…… 어디 있니……

원장님, 샅샅이 뒤져도 없는데 어쩌지요?

헉!

## 〈세 마리 토끼 잡는 초등 어휘〉 A단계 3권 정답 및 해설

1주 13쪽 먼저 확인해 보기

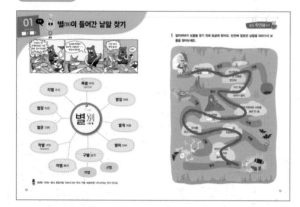

1주 16쪽 속뜻 짐작 능력 테스트

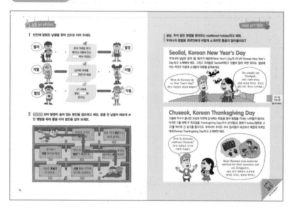

1. '별장'은 경치 좋은 곳에 따로 마련한 집을 말하고, '차별'은 더 낫고 더 못한 것을 나누는 일을 뜻해요.
2. '별종'은 일반적이지 않은 다른(다를 별, 別) 종류(씨 종, 種)라는 뜻이에요. '선별'은 가려서(가릴 선, 選) 따로 구별한다(다를 별, 別)는 뜻으로 '크기가 큰 것을 선별해서 포장하자.'처럼 쓰여요.

1주 19쪽 먼저 확인해 보기

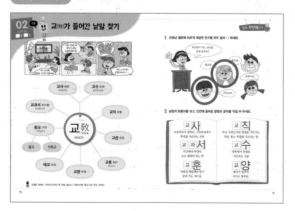

1주 22쪽 속뜻 짐작 능력 테스트

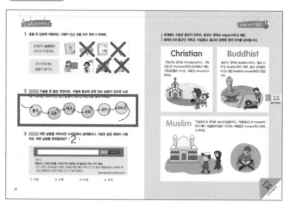

2. '교육'은 사람을 기르는(기를 육, 育) 것으로, 지식이나 기술을 가르치는 거예요. '교인'은 어떤 종교를 가지고 있는 사람(사람 인, 人)이에요.
3. '교재'는 가르치는 데 필요한 재료(재목 재, 材)로, 교과서도 교재에 속해요.

1주 25쪽 먼저 확인해 보기

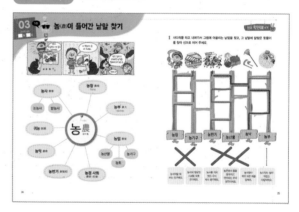

1주 28쪽 속뜻 짐작 능력 테스트

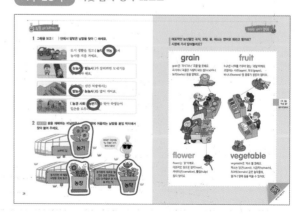

1. 정답은 위에서부터 귀농, 논농사, 밭농사, 농번기예요. '농번기'는 농사일이 매우 바쁜(번성할 번, 繁) 시기를 뜻해요. 이와 반대로 농사일이 한가한(한가할/문지방 한, 閑) 시기를 '농한기'라고 해요.

2. '가옥', '가정' 등 집을 뜻하는 낱말에는 '집 가(家)' 자를 붙여요. 그래서 농사(농사 농, 農)를 짓는 사람의 집(집 가, 家)은 '농가'라고 하지요. 그리고 농작물을 보호하려고 쓰는 약은 '약 약(藥)' 자를 붙여 '농약'이라고 해요.

1주 31쪽 먼저 확인해 보기

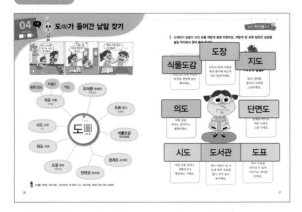

1주 34쪽 속뜻 짐작 능력 테스트

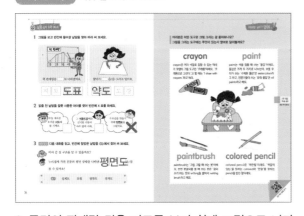

2. 물건의 판매량 같은 자료를 보기 쉽게 그림으로 나타낸 것을 '도표'라고 해요. 그리고 하늘에서 내려다본 땅의 모습을 그린 지도 중 간략하게 그린 것을 '약도'라고 해요.

3. '설계도'는 건물이나 물건에 대한 계획을 그린 그림, 또는 앞으로 할 일에 대한 계획이란 뜻이에요. 또한 '평면도'는 건물 따위의 평면 상태를 그린 그림으로, 방의 크기나 구조, 출입구 위치 등을 볼 수 있어요.

1주 37쪽 먼저 확인해 보기

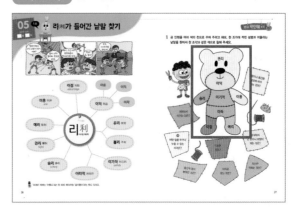

1주 40쪽 속뜻 짐작 능력 테스트

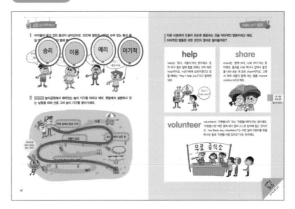

2. '사나울 폭/포(暴)' 자는 '지나치게 많이'라는 의미를 가지고 있어요. '폭우'는 지나치게 많이 내리는 비(비 우, 雨), '폭리'는 지나치게 많이 남기는 이익(이로울 리/이, 利), '폭설'은 지나치게 많이 내리는 눈(눈 설, 雪)을 뜻해요. 그리고 '실리'는 실제로 얻는 이익을 뜻하지요.

2주 45쪽 먼저 확인해 보기

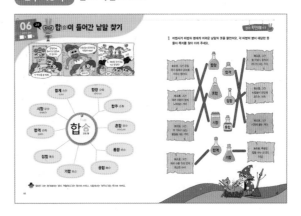

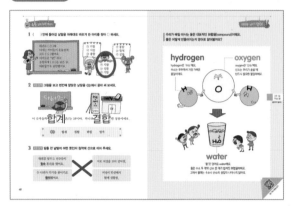

2. '결합'은 두 개 이상이 맺어져서(맺을 결, 結) 합쳐지는 (합할 합, 合) 것을 뜻해요.
3. 여러 사람이 한곳에 모여(합할 합, 合) 잠자는(잠잘 숙, 宿) 것을 '합숙'이라고 해요. 함께 생활하는 것을 '합숙 생활', 훈련하는 것을 '합숙 훈련'이라고 해요. 또한 '합의'는 여러 사람의 뜻이 같아지는 거예요.

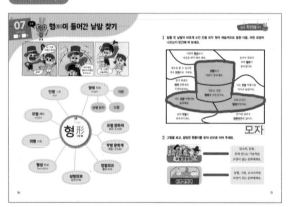

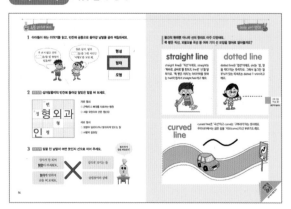

2. 모양이 달라지거나 변하는(변할 변, 變) 것을 '변형'이라고 해요. '이것은 변형할 수 있는 물통이야.'처럼 사용할 수 있어요. '정'이 '정답다'처럼 변형되거나 '사랑'이 '사랑스럽다'로 변형될 때는 변형이란 말을 고유어 '꼴바꿈'과 바꿔 쓸 수 있어요.
3. '형식'은 겉으로 드러나는(모양 형, 形) 방식(법 식, 式)이나 틀을 뜻해요. '형(形)' 자에는 '나타나다, 드러나다'라는 뜻도 있거든요. 그리고 '편할 편(便)' 자와 쓰인 '형편'은 살림살이의 정도를 의미해요. 이때에는 '형(形)' 자가 일이 어느 정도 되어 가는지 상황을 뜻하는 '형세, 세력'이라는 뜻으로 쓰였어요.

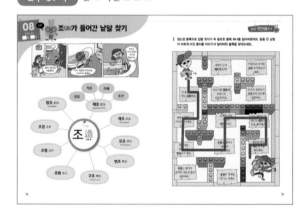

2. '조작'은 어떤 일을 사실인 듯이 꾸며 만드는 것으로 '사건을 조작했다.'처럼 사용할 수 있어요. 그리고 '조성'은 무엇인가를 만들어서(지을 조, 造) 이룬다(이룰 성, 成)는 뜻으로, 돈을 마련하면 '기금 조성', 공원을 만들면 '공원 조성'이라고 말해요.

2주 63쪽 먼저 확인해 보기

2주 66쪽 속뜻 짐작 능력 테스트

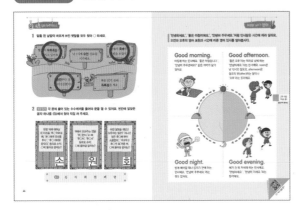

1. '오전'은 낮(낮 오, 午) 12시 이전(앞 전, 前)의 시간을 뜻해요. '독후감'은 책을 읽은(읽을 독, 讀) 뒤(뒤 후, 後)에 느낌(느낄 감, 感)을 쓴 글이에요.
2. '후원'은 뒤에서 누군가를 도와준다(구원할 원, 援)는 뜻이에요. 또한 '후회'는 일이 지난 후(뒤 후, 後)에 뉘우치는(뉘우칠 회, 悔) 것이에요.

2주 69쪽 먼저 확인해 보기

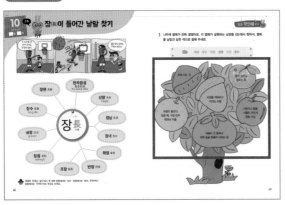

2주 72쪽 속뜻 짐작 능력 테스트

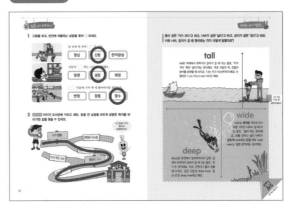

1. '신장'은 몸(몸 신, 身)의 길이(긴 장, 長)를 뜻하고, '성장'은 생물이 점점 크게(긴 장, 長) 자라는(이룰 성, 成) 것을 뜻해요. 또한 '장수'는 '긴 장(長)' 자와 '목숨 수(壽)' 자가 합쳐진 말로, 오래 사는 것을 뜻해요.
2. '긴 장(長)' 자는 '길다', '늘리다'라는 뜻도 있어요. 쭉쭉 늘여서(끌 연, 延) 길게(긴 장, 長) 만드는 것은 '연장'이라고 해요. 경기를 정해진 시간보다 길게 하면 '연장 경기', 수업을 정해진 시간보다 오래 하면 '연장 수업'이라고 하지요. 또한 키(몸 신, 身)가 크면(긴 장, 長) '장신'이라고 해요.

3주 79쪽 먼저 확인해 보기

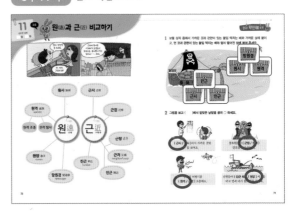

2. 정답은 위쪽이 근시, 근접, 아래쪽이 원격, 원양이에요. '원(遠)' 자와 '근(近)' 자는 서로 상대되는 한자예요. '멀 원(遠)' 자가 붙은 낱말에는 '멀다'는 뜻이, '가까울 근(近)' 자가 붙은 낱말에는 '가깝다'는 뜻이 있어요. 한편 경호원은 주변을 경계하며(경계할 경, 警) 보호해 주는(보호할 호, 護) 사람(인원 원, 員)이에요.

3주 82쪽 속뜻 짐작 능력 테스트

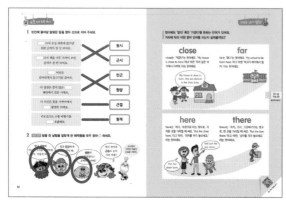

2. '가까울 근(近)' 자가 쓰인 '근처'나 '친근'에는 '가깝다' 라는 뜻이 있어요. 그리고 '근교'는 도시에서 가까운 주변을 뜻해요. '교(郊)' 자는 '들, 야외, 변두리'란 뜻을 가지고 있거든요. 또한 '영원'은 어떤 상태가 끝없이 길게(길 영, 永) 오래도록(멀 원, 遠) 이어지는 것이에 요. '순간', '찰나'와 상대되는 낱말이지요.

3주 85쪽 먼저 확인해 보기

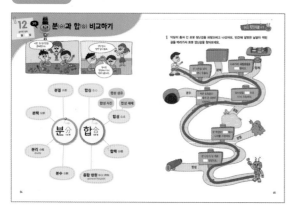

3주 88쪽 속뜻 짐작 능력 테스트

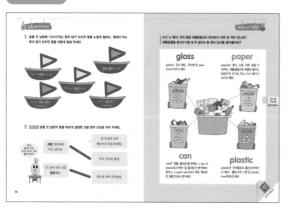

1. '분(分)' 자와 '합(合)' 자는 서로 상대되는 한자예요. '나눌 분(分)' 자가 붙은 낱말에는 '나누다', '합할 합(合)' 자가 붙은 낱말에는 '합하다'라는 뜻이 있어요.

2. 둘 이상을 겹쳐서(겹칠 복, 複) 합치는 것은 '복합'이라 고 해요. 또한 '분류'는 여럿을 종류(무리 류, 類)에 따 라 나누는 것(나눌 분, 分)을 뜻해요. 둘 이상이 모여 행동이나 일을 함께하는 건 '합동'이라고 해요.

3주 91쪽 먼저 확인해 보기

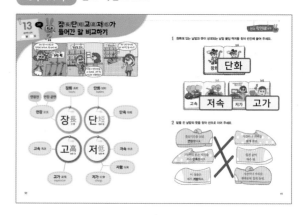

3주 94쪽 속뜻 짐작 능력 테스트

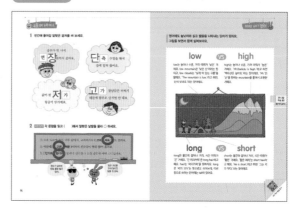

1. '연장'은 시간이나 거리를 원래보다 늘리는 것, '단축' 은 시간이나 거리를 원래보다 줄이는 것, '저가'는 싼 값, '고가'는 비싼 값을 뜻해요.

2. 정답은 ① 저속, ② 고온, ③ 장거리예요. '장단고저'에 들어가는 '긴 장(長)' 자와 '짧을 단(短)' 자, '높을 고 (高)' 자와 '낮을 저(低)' 자는 서로 상대어예요. 빠른 속도(빠를 속, 速)인 '고속'의 상대어는 '저속', 높은 온 도(따뜻할 온, 溫)인 '고온'의 상대어는 '저온'이지요. 그리고 먼 거리인 '장거리'의 상대어는 '단거리'예요.

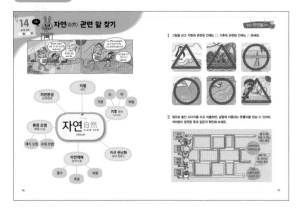

1. '지형'은 땅(땅 지, 地)의 모양(모양 형, 形)을 뜻하고, '기후'는 기온, 눈비, 바람 등 대기의 상태를 뜻해요

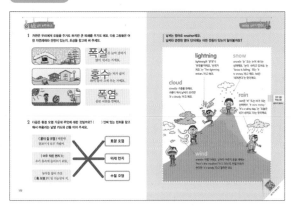

2. '흙 토(土)' 자와 '흙 양(壤)' 자가 합쳐진 '토양'은 우리가 밟고 있는 흙을 뜻해요. '토양 오염'이 심각해지면 식물이 잘 자라지 못하게 돼요. 그러면 우리가 먹을 식량이 줄어들어요.

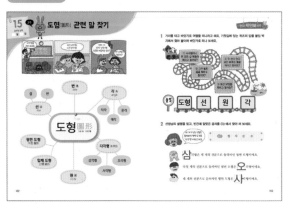

2. '평면 도형'은 평평한(평평할 평, 平) 면(낯 면, 面)에 그린 도형이고, '다각형'은 뾰족한 모서리인 '각'이 여러(많을 다, 多) 개인 도형이에요. 각이 없는 원은 다각형이 아니에요.

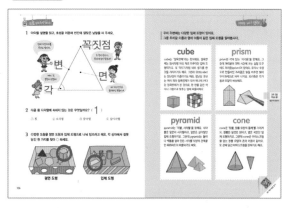

2. '다각형'은 각이 세 개 이상인 도형이어서, 원은 다각형이 아니에요. 오각형, 팔각형, 십이각형은 모두 다각형이에요.

3. '평면 도형'은 평평한 면에 그려진 도형이고, '입체 도형'은 세울 수 있는 도형올 말해요. 평면 도형 상지에 있는 육각기둥은 입체 도형이고, 입체 도형 상자에 있는 사다리꼴은 평면 도형이에요.

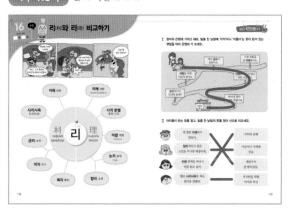

1. '예금 금리', '이해'를 따지다, '폭리'를 취하다에는 '이로울 리/이(利)' 자가 쓰였어요. 반면 '이발', '이해'하다, '논리'에는 '다스릴 리/이(理)' 자가 쓰였지요.

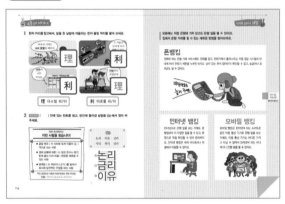

4주 116쪽 속뜻 짐작 능력 테스트

2. '이유'는 어떤 결론이나 결과에 이른 까닭(말미암을 유, 由)이나 근거(다스릴 리/이, 理)를 말해요. 또한 '관리'는 사람을 이끌고 감독하는(다스릴 리/이, 理) 것을 뜻해요.

4주 119쪽 먼저 확인해 보기

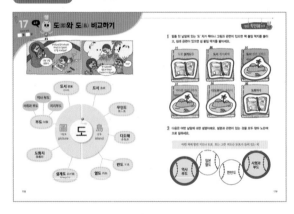

4주 122쪽 속뜻 짐작 능력 테스트

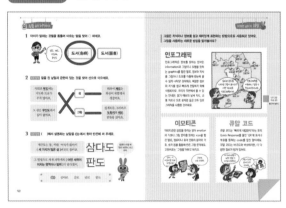

2. 여러 섬을 뜻하는 '제도'는 '모든 제(諸)' 자와 '섬 도

(島)' 자로 이루어졌고, 건축물을 만들기 위해 도면을 그리는 '제도'는 '지을 제(製)' 자와 '그림 도(圖)' 자로 이루어져 있어요.

3. 제주도는 세 가지(석 삼, 三)가 많아서(많을 다, 多) '삼다도'라 불려요. 그리고 '판도'에는 '어떤 세력이 미치는 영역이나 범위'라는 뜻 외에, '한 나라의 영토'라는 뜻도 있어요.

4주 125쪽 속뜻 짐작 능력 테스트

1. '~데'는 말하는 사람이 직접 경험한 것이나 본 것을 말할 때 사용하고, '~대'는 남이 말한 내용을 다른 사람에게 전할 때 사용해요. 상대가 본 영화가 재미있었는지 물을 때에는 "재미있데?"라고 말해야 하고, 동생이 "안 무서워."라고 말한 걸 전달할 때에는 "안 무섭대."라고 말해야 해요.

4주 127쪽 속뜻 짐작 능력 테스트

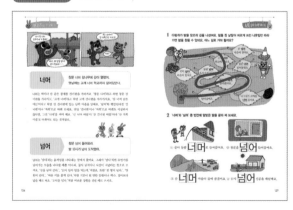

2. '너머'는 벽이나 산 같은 장애물 건너편을 가리키는 말이고, '넘어'는 무언가를 넘는 움직임을 나타낸 말이에요.

4주 129쪽 속뜻 짐작 능력 테스트

2. '정답은 ① 얘기, ② 아기, ③ 얘기예요.

4주 131쪽 속뜻 짐작 능력 테스트

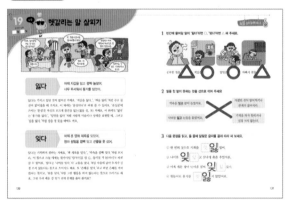

3. '잃다'는 돈이나 지갑, 혹은 입맛이나 자신감 등 가지고 있던 것이 없어진 것이고, '잊다'는 기억하지 못하거나 신경 쓰지 않는 것이에요.

4주 133쪽 속뜻 짐작 능력 테스트

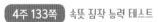

1. 옷은 두껍게 입고, 친구 사이는 두텁다고 표현해요.

2. 정답은 ① 두꺼운, ② 두터워요, ③ 두터운이에요. '두껍다'는 이불이나 책 등 어떤 물건의 두께가 보통보다 큰 것을 말해요. 혹은 고객층이나 지지층처럼 무리의 규모가 큰 것을 뜻하기도 하지요. 어둠이나 그늘이 짙을 때에도 '두껍다'고 해요. 이에 비해 '두텁다'는 눈에 보이지 않는 믿음이나 관계, 우정 등이 단단하고 깊은 것을 뜻해요. '정이 두텁다.', '믿음이 두텁다.' 등으로 써요.

4주 135쪽 속뜻 짐작 능력 테스트

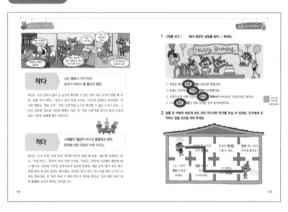

1. 정답은 ① 작은, ② 적게, ③ 적어서, ④ 작은이에요. '작다'는 크기나 길이처럼 눈으로 확인할 수 있는 것이 다른 것보다 덜할 때 사용하고, '적다'는 수나 무게 등이 다른 것보다 덜할 때 사용하는 말이에요.

4주 137쪽 먼저 확인해 보기

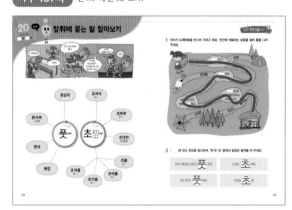

4주 140쪽 속뜻 짐작 능력 테스트

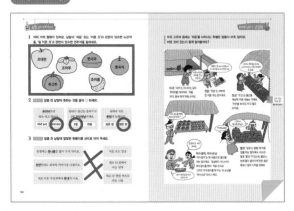

2. 정답은 '저녁 6시', '5일', '얕은 잠'이에요. '초닷샛날'은 한 달의 처음부터 세어 다섯 번째 되는 날로, '닷새'와 같은 말이에요. '닷새'는 고유어이지요. 1일에서 10일까지 표현하는 고유어를 알아볼까요?

1일	2일	3일	4일	5일
초하루	이틀	사흘	나흘	닷새
6일	7일	8일	9일	10일
엿새	이레	여드레	아흐레	열흘

3. '풋~'은 처음 나온 것에 붙어요. 그래서 '풋나물'은 봄철에 새로 난 나물을 뜻하고, '풋내'는 새로 나온 식물로 만든 음식에서 나는 풀 냄새를 말해요. 반면 '초(처음 초, 初~)'는 처음이나 이른 것에 붙어서, '초면'은 처음(처음 초, 初) 보는 얼굴(낯 면, 面)을 뜻해요.

★ 하루 공부가 끝나는 곳에 붙임 딱지를 ❶～❸처럼 붙여 주세요.

1주 1일 학습 끝!	1주 2일 학습 끝!	1주 3일 학습 끝!	1주 4일 학습 끝!	1주 5일 학습 끝!
2주 1일 학습 끝!	2주 2일 학습 끝!	2주 3일 학습 끝!	2주 4일 학습 끝!	2주 5일 학습 끝!
3주 1일 학습 끝!	3주 2일 학습 끝!	3주 3일 학습 끝!	3주 4일 학습 끝!	3주 5일 학습 끝!
4주 1일 학습 끝!	4주 2일 학습 끝!	4주 3일 학습 끝!	4주 4일 학습 끝!	4주 5일 학습 끝!

❶ 붙임 딱지의 왼쪽 끝을 붙임 딱지 자리에 잘 맞추어 붙이세요.
❷ 오른쪽에 남은 부분은 점선을 따라 접어 뒤로 붙이세요.
❸ 붙임 딱지를 붙인 모습이에요.

★ 해당 쪽에 알맞은 붙임 딱지를 붙여 주세요.

31쪽

도서관	도표
식물도감	지도
의도	단면도
도장	시도

28쪽

농약

농장

농가

40쪽

예리

이용

승리

이기적

91쪽 저속   단화   고가

79쪽

근시

망원경

원시

인근

원격

친근

103쪽

선		원
각		도형

116쪽 利 利
          理 理

119쪽